DIE BESTEN ENTDECKUNGSREISEN MACHT MAN NICHT IN FREMDEN LÄNDERN, SONDERN INDEM MAN DIE WELT MIT NEUEN AUGEN BETRACHTET.
Marcel Proust (1871–1922)

belle blanc
A BEAUTIFUL LIFE

IMPRESSUM

IDEE, KONZEPT, FOTOS UND TEXTE: MIRJANA SCHNEPF
SATZ: ARNOLD & DOMNICK, LEIPZIG
KORREKTORAT: FRIEDERIKE AHLBORN, SINDELFINGEN
PRODUKTMANAGEMENT UND LEKTORAT: CHRISTINE RAUCH
DRUCK UND BINDUNG: LIVONIA PRINT SIA, LETTLAND

© LIFESTYLE BUSSESEEWALD IN DER FRECHVERLAG GMBH, TURBINENSTRASSE 7, 70499 STUTTGART, 2016

ANGABEN UND HINWEISE IN DIESEM BUCH WURDEN VON DER AUTORIN UND DEN MITARBEITERN DES VERLAGS SORGFÄLTIG GEPRÜFT. EINE GARANTIE WIRD JEDOCH NICHT ÜBERNOMMEN. AUTORIN UND VERLAG KÖNNEN FÜR EVENTUELL AUFTRETENDE FEHLER ODER SCHÄDEN NICHT HAFTBAR GEMACHT WERDEN. DAS WERK UND DIE DARIN GEZEIGTEN REZEPTE SIND URHEBERRECHTLICH GESCHÜTZT. DIE VERVIELFÄLTIGUNG UND VERBREITUNG IST, AUSSER FÜR PRIVATE, NICHT KOMMERZIELLE ZWECKE, UNTERSAGT UND WIRD ZIVIL- UND STRAFRECHTLICH VERFOLGT. DIES GILT INSBESONDERE FÜR EINE VERBREITUNG DES WERKES DURCH FOTOKOPIEN, FILM, FUNK UND FERNSEHEN, ELEKTRONISCHE MEDIEN UND INTERNET SOWIE FÜR EINE GEWERBLICHE NUTZUNG DER GEZEIGTEN REZEPTE.

1. AUFLAGE 2016

ISBN: 978-3-7724-7428-6 • BEST.-NR. 7428

belle blanc
A BEAUTIFUL LIFE

mirjana schnepf

INHALT

VORWORT

FRÜHLING | DER GARTEN IM FRÜHLING   10
HAPPY EASTER   20
FRÜHJAHRSPICKNICK   32
KITCHEN MAKEOVER   46
ELDERFLOWER LOVE   52

58   DER GARTEN IM SOMMER **| SOMMER**
70   STRAWBERRIES
76   PEONY SUMMER
82   WELCOME TO THE BEACHMOTEL
96   A DAY AT THE BEACH
102   MUTTERLAND
110   A WEEKEND IN BERLIN
124   EINE TAUFE IM SOMMER

HERBST | DER GARTEN IM HERBST   130
A FALL WALK   142
ERNTEDANK   148
HERBSTROSEN   160
BOO – SWEET HALLOWEEN   166

172   DER GARTEN IM WINTER **| WINTER**
178   WEIHNACHTSIMPRESSIONEN
198   AN TRÜBEN WINTERTAGEN
207   BEZUGSQUELLEN/FREUNDE
208   Danksagung

#butfirstcoffee

VORWORT

Was braucht es für ein schönes Leben? Sind es Momente, Situationen, Menschen, Gegenstände?

Es ist die Summe aller Dinge.

Begleite mich mit diesem Buch durch das Jahr. Die schönen Momente des Jahres. In Fotografien festgehalten für die Ewigkeit (was ist schon eine Ewigkeit?) und auf gutem, alten Papier gedruckt. Echt und nach Buch duftend und jederzeit greifbar, egal, wie schlecht die Verbindung Deines Netzanbieters auch sein mag, ganz ohne Stromverbrauch und Ablenkung in Form eines „Pings", das Dir eine neue Nachricht ankündigt.

Verliere Dich in Blumenmeeren, auf hoher See oder in der Stille des Großstadtdschungels. Koste mit Deinen Augen verführerische Gaumenfreuden, ohne Dir über Deine Figur Gedanken zu machen.

Wandle lustvoll durch Gärten, Parks und über den Strand, ohne einen Tropfen Regen abzubekommen. Lehne Dich dabei zurück, genieße eine Tasse Tee oder Kaffee, wärme Dir Deine Hände und die Seele daran und verliere Dich in einem schönen Leben.

Welcome to a beautiful life!

DIE NATUR HAT KEINE EILE, DENNOCH GELANGT SIE STETS ANS ZIEL.

Laotse

DER GARTEN
im Frühling

Nach langen, dunklen und kalten Wintermonaten sehnt sich unsere Seele, unser ganzer Körper nach einem Neubeginn. Wir lechzen nach Sonne, helleren Tagen und ein wenig Wärme auf unserer Haut. Wir möchten mit allen Sinnen diesen Neubeginn spüren. Jede Jahreszeit hat ihren ganz besonderen Duft, ihr ganz besonderes Licht und ihre ganz besondere Ausstrahlung. Dies wird einem nirgends besser vor Augen geführt als im Garten bzw. im Gartenjahr. Der Frühling duftet nach jungem Grün, frischen Sprösslingen, guter Erde und Traubenhyazinthen. Unsere Ohren vernehmen die ersten summenden, fleißigen Insekten und lautes Vogelgezwitscher. Unsere Augen schweifen über prächtig blühende Krokusse, Hyazinthen, Tulpen und Narzissen. Vergissmeinnicht und Veilchen schenken uns ein himmlisches Blau auf dem zartgrünen Rasenflor und der Flieder betört uns mit seinen reichen Dolden und einem unverwechselbaren Duft.

In unserer Region sind Schneeglöckchen, Krokusse und der Mandelbaum die ersten Frühlingsblüher. Ein Mandelbaum durfte demnach in unserem Garten nicht fehlen, denn er läutet bei uns die wohl arbeitsreichste Zeit im Garten ein.

DER FRÜHLING IST EINE ECHTE AUFERSTEHUNG, EIN STÜCK UNSTERBLICHKEIT.

Henry David Thoreau (1817–1862)

TRAUBENHYAZINTHEN in Weiß, Hellblau und dem klassischen, dunklen Violett, Vergissmeinnicht, Tulpen und Waldmeister sowie viele andere Frühlingsblüher tummeln sich fast zeitgleich im Garten. Die noch frische, feuchte und winterliche Erde strotzt vor Kraft und gibt diese nun in jede einzelne Blüte ab. Bienen und Hummeln summen um die Wette und fliegen von Blüte zu Blüte, schwer bepackt mit den ersten gesammelten Blütenpollen.

Einen kleinen Teil unseres Gartens haben wir als Nutzgarten angelegt – mit Beeten, in denen wir ein paar Kleinigkeiten zur Selbstversorgung anbauen. Meist pflanzen wir Tomaten, Zucchini, Salat, Bohnen, Kürbisse und Zwiebeln. Wir haben uns aber auch schon an Kartoffeln und Wassermelonen versucht, dies aber nur mit mäßigem Erfolg.

Meine geliebten Baby-Boo-Kürbisse pflanzen wir jedes Jahr, damit wir im Herbst hübsche Deko-Kürbisse zu Hause haben. Kürbisse und Zucchini sind wahrlich die einfachsten Nutzpflanzen. Sie sind sehr genügsam und wachsen wie Unkraut, allerdings im positiven Sinne, sind dafür aber sehr platzraubend. Wir ziehen fast alle Pflanzen in kleinen Anzuchttöpfen aus Zellulose-Gemisch in Aussaaterde vor. Diese Töpfchen können, wenn die Zöglinge so weit sind, einfach ins Freiland gepflanzt werden. So vermeidet man den sogenannten „Umtopfschock" und die Töpfchen verrotten in der Erde, ohne die Umwelt zu belasten. Wer sich einmal gerne selbst als Hobbygärtner betätigen möchte, dem empfehle ich unter www.aussaatkalender.com den Kalender mit allen Terminen für Gemüse über Kräuter bis hin zu Blumen und Hinweisen zu Mischkulturen.

Das Frühjahr ist die richtige Zeit, um seine Rosen etwas zurückzuschneiden. Viele machen dies im Herbst. Doch ich bin dazu übergegangen, Rosen im Frühling zu stutzen. Dies hat den Vorteil, dass man Triebe und Stellen, die im Winter gelitten haben, mit ausputzen kann. Um prächtige Rosen im Sommer zu bekommen, sollte man im Frühjahr den Boden um die Rose lockern und die erste Düngung im April vornehmen. Beim Rückschnitt bin ich nicht so rabiat. Ungefähr bis zur Hälfte schneide ich meine Rosen runter, dabei achte ich darauf, dass ich den Schnitt schräg, ca. 5 mm über dem neuen Trieb/Auge ansetze. Aber auch hierfür findet man im Internet viele nützliche Hinweise.

WER IM FRÜHLING NICHTS SÄT, wird im Herbst nichts ernten. Wer sich im Frühling nicht um seine Rosen kümmert, wird im Sommer keine Blütenpracht sein Eigen nennen.

OHNE FLIEDER KEIN FRÜHLING. Ob weiß, hell oder dunkel, die üppigen Fliederbüsche und Bäume sind einfach prächtig und der Duft betörend. (Wobei, eine meiner Lehrerinnen von damals wäre nicht dieser Meinung. Sie litt unter einer starken Flieder-Allergie – einmal daran geschnuppert und sie sah aus wie nach einem übereifrigen Gesichtspeeling.)

Einer unserer Flieder ist ein sogenannter Herbstflieder (*Syringa microphylla* 'Superba'). Er blüht sehr lange und mit Unterbrechung nochmals im Herbst. Ein kleiner Frühlingsbote an trüben Tagen.

HAPPY EASTER

FOR I REMEMBER IT IS EASTER MORN, AND LIFE AND LOVE AND PEACE ARE ALL NEW BORN.

Alice Freeman Palmer (1855–1902)

In der Jahreszeit des Neubeginns feiern wir das Fest der Auferstehung: Ostern. Wir betreiben an Ostern zwar nicht so ein Bohei wie an Weihnachten, aber auch bei diesem Fest dekorieren wir, färben Eier und backen Leckereien wie Osterkränze, Osterlämmer und Co., vor allem aber holen wir uns Blumen ins Haus.

Frische Sträuße, kleine Blumendekorationen und blühende Zweige, eben alles, was ein wenig Farbe und Frühling in die eigenen vier Wände bringt. Nach den kalten und etwas tristen Wintermonaten, besonders nach den Weihnachtsfeiertagen, sind wir ausgehungert und lechzen nach etwas Sonne und Frühlingsduft.

Vor Ostern habe ich jedenfalls meistens das Bedürfnis, das Haus ein wenig auszumisten, Luft hereinzulassen und etwas Raum zu schaffen. Leichtere Dekorationen und luftig leichte Farben dominieren nun im Haus.

Gelb gehört nicht zu meinen Lieblingsfarben, aber im Frühjahr kann ich es einfach nicht lassen, mir dottergelbe Ranunkeln zu kaufen. Diese Blumen sind einfach ein Traum und bringen die Sonne auf den Tisch. In Kombination mit Weiß und Schwarz wirkt solch ein Strauß als absolutes Highlight und bricht die Monotonie ein wenig. Es empfiehlt sich aber auch eine Kombination mit Mint.

EIN SEHR LIEBLICHES ARRANGEMENT sind Vergissmeinnicht und Wachteleier. Meine bevorzugte Sorte ist das Kaukasus Vergissmeinnicht (*Brunnera macrophylla*) in der Züchtung 'Jack Frost'®. Die Blätter sind silbrig geädert und mit Hunderten kleiner blauer Blüten übersät, die an lockeren, hohen Rispen blühen. Dieses kleine Blümchen macht sich also nicht nur in Blumensträußchen und mit Wachteleiern gut, es ist auch im Garten ein absoluter Blickfang.

Wer nicht mit echten Wachteleiern dekorieren möchte, muss auf diese Kombi nicht verzichten, denn es gibt heutzutage viele Deko-Labels, die Kunststoffeier in allen Farben, Variationen und Größen im Sortiment haben, die echten Eiern zum Verwechseln ähnlich sehen.

DER PARISER FRÜHLING ZU GAST AUF DER ÖSTERLICHEN KAFFEETAFEL
(in diesem Fall wohl eher Salon de Thé)

EIN GEMÜTLICHER OSTERSONNTAG mit der Familie an einem schön gedeckten Tisch und leckerem Kuchen ist immer eine Freude. Wenn es das Wetter zulässt, tummeln sich die Kinder im Garten und suchen nach den sorgfältig versteckten Ostereiern und Naschereien.

Cake Pops, umhüllt von zuckersüßem, pastellfarbenem Candy bzw. Cake Melt, sind die perfekte Stärkung während und zwischen der Ostereierjagd. Man schnappt sich einfach einen kleinen Kuchen am Stiel und kann trotzdem – ganz ohne Teller – weiter im Garten umherstöbern.

Welche Trends eine Osterdekoration auch bestimmen mögen, für mich gehören Pastellfarben einfach dazu. Sie lassen sich wunderbar mit Gold, Weiß und Schwarz kombinieren. Auch Blütenzweige, wie Mandel- oder Kirschblüten, an die man einige österliche Ornamente hängt, sind für mich ein wichtiger Bestandteil der Dekoration. Sie wirken fast ätherisch, so luftig und leicht in eine zurückhaltende und doch zauberhafte Vase drapiert.

Dennoch übertreibe ich es an Ostern nicht mit der Dekoration. Es sollte alles zart und fein, eben fast ein wenig entrückt wirken. Genau diese Leichtigkeit ist es, die für mich den Neubeginn und die Auferstehung symbolisieren, hoffnungsvoll und schwerelos.

FRÜHJAHRS
picknick

(WENN DIE NATUR ERWACHT)

Ja, ich gebe zu, ich liebe die Herbst- und Wintermonate sehr, lieber noch als einen zu heißen, klebrigen und regenarmen Sommer. Doch auch ich freue mich sehr, wenn nach einem langen, kalten Winter die Natur wieder zum Leben erwacht. Erstaunlich, in welchem Tempo dies passiert. Kaum hat man die Wintersachen verstaut, explodieren die Bäume in hellem, zarten Grün und einem Meer aus weißen und blassrosa Blüten. Die Tage werden heller und länger, es zieht uns wieder ins Freie – ganz begierig auf die ersten warmen Sonnenstrahlen, die uns die Nase kitzeln und die Haut wärmen.

AN EINEM WUNDERVOLL WARMEN TAG IM APRIL habe ich mit meiner Freundin zusammen einige Dinge ins Auto gepackt. Wir haben uns ein paar Sandwiches und andere Köstlichkeiten gemacht und sind raus gefahren an den Rand unseres hiesigen Golfplatzes. Eine wundervolle Location, um ein kleines Picknick zu veranstalten. Der Golfplatz ist umringt von vielen verschiedenen Obstbäumen und da gibt es eine ganz besondere Stelle unter zwei alten großen Kirschbäumen, die schon ewiglich in trauter Zweisamkeit dort stehen. Hier lassen sich ein paar entspannte Stunden in der Sonne verbringen.

Ja sicher, wir hatten einen ziemlichen Aufwand betrieben und sogar Pompons in die Kirschbäume gehängt. Einen kleinen Klapptisch und zwei Klappstühle hatten wir ebenfalls mit im Gepäck. Manchmal reicht natürlich einfach eine Decke, aber wenn man so richtig dekadent den Tag genießen möchte, so sollte man sich auch was fürs Auge gönnen. Für die Bequemlichkeit ist dies natürlich ebenfalls von Vorteil. Statt lediglich einer schnöden Decke noch ein Kissen zu haben oder Stühle, um zum Essen Platz zu nehmen, während sich andere derweil auf der Decke rumfläzen und ein Buch lesen, ist einfach schön. Natürlich hatten wir uns auch wegen der Bilder viel Mühe gegeben, alles hübsch zu machen. Eine alte löchrige Decke und Einwegverpackungen vom Chinaimbiss hätten wohl kaum den gewünschten Effekt in diesem Buch erzielt.

Apropos Chinaimbiss: Mit dem Essen hatten wir uns ebenfalls ins Zeug gelegt. Ein leckerer italienischer Nudelsalat, aufwendige Sandwiches, softe luftig-leckere Himbeermuffins und selbst gemachte Limonade gab es – oh ja, wir hatten uns nicht lumpen lassen.

Für die Sandwiches hatte ich extra meine geliebten gegrillten und eingelegten roten Paprika gemacht, nach einem Rezept von meiner Mutter. Und ja, ich verrate es Euch hier im Buch ebenso wie die Rezepte für die anderen vertilgten Leckereien. Ich hoffe, die Bilder inspirieren Euch für Euer nächstes Picknick-Vergnügen.

PINK & MINT
Lemonade

Für die Pink Lemonade:
100 g heller Bio-Rohrzucker
abgeriebene Schale einer Bio-Zitrone
1300 ml Wasser
450 ml frisch gepresster Zitronensaft
60 ml Cranberrysaft
1 Prise Salz
einige Zitronenscheiben

Zucker, Zitronenschale und ca. 150 ml Wasser unter Rühren in einem kleinen Topf zum Kochen bringen und so lange köcheln lassen, bis sich der Zucker aufgelöst hat. Den Topf vom Herd ziehen und den Zuckersirup gut abkühlen lassen. In einem Pitcher oder einem Getränkespender das restliche Wasser, den Zitronensaft, den Cranberrysaft und das Salz verrühren. Zuletzt den abgekühlten Zuckersirup dazugeben (vorher Zitronenschale entfernen) und gut vermischen. Limonade gut gekühlt mit Eis und Zitronenscheiben servieren.

Mint Lemonade:
Grundzutaten (siehe Pink Lemonade)

Statt des Cranberrysafts für den Geschmack etwas Pfefferminzsirup sowie für die Farbe Blue Curaçao Sirup (z. B. von Monin) zufügen, bis die gewünschte Farbigkeit erreicht ist.

ROTE PAPRIKA
à la Mama

6 rote Gemüse- oder Spitzpaprika
1 große Zwiebel
2 große Knoblauchzehen
8 EL Rapsöl oder sehr mildes Olivenöl
4 EL Essig (Melfor Traditionell)
Salz und Pfeffer

Grill oder Backofen auf 220 °C vorheizen. Paprikaschoten waschen und trocken tupfen. Paprika auf ein Backblech legen und im vorgeheizten Ofen 10 bis 15 Minuten grillen, bis die Paprikahaut teilweise schwarze Blasen wirft, dabei ab und zu wenden.

Die Paprika aus dem Ofen nehmen und im noch warmen Zustand mit einem Messer die Haut vorsichtig abziehen. Nun lässt sich auch das Kerngehäuse sehr leicht mitsamt dem Stiel herauslösen. Die gesäuberten Paprikaschoten in eine Schüssel geben.

Zwiebel und Knoblauch in sehr feine Würfel schneiden und zur Paprika geben. (Tipp: Bei den Knoblauchzehen den in der Mitte sitzenden Keim herausnehmen. Dadurch wird der Knoblauch bekömmlicher und die Spätfolgen nach dem Genuss, das heißt der Geruch danach, sind auch nicht mehr so stark). Öl und Essig dazugeben und mit Salz und Pfeffer würzen.

Die Paprika schmeckt gut zu Gegrilltem, Salat, Antipasti oder auf einem Sandwich.

ITALIAN
Noodle Salad

500 g Mini Penne
250 g Mini Mozzarella di Buffalo
1 halbe, mittelgroße Zwiebel
2 mittelgroße Knoblauchzehen
1 Bund Basilikum
200 g Cocktailtomaten
4 EL Olivenöl
3 EL Sahne
4 EL Essig (Melfor Traditionell)
150 ml Gemüsebrühe
1 TL Oregano
Salz und Pfeffer

Die Nudeln in Salzwasser nach Angabe kochen, danach mit kaltem Wasser abschrecken. (Anders als bei warmen Nudelgerichten sollten die Nudeln für einen Nudelsalat immer kalt sein.) Die erkalteten Nudeln in eine Schüssel geben. Den Mozzarella je nach Belieben halbieren oder vierteln und zu den Nudeln geben.

Zwiebel und Knoblauch sehr fein würfeln und in der Pfanne in etwas Olivenöl glasig dünsten und ebenfalls in die Schüssel geben. Die Basilikumblätter abzupfen und in feine Streifen schneiden, dabei einige für die Garnitur beiseitelegen. Die Cocktailtomaten halbieren und zusammen mit den Basilikumstreifen zu den restlichen Zutaten geben.

Nun Olivenöl, Sahne, Essig, Gemüsebrühe und Oregano hinzugeben. Mit Salz und Pfeffer abschmecken.

PICKNICK
Sandwiches

Olivenöl
Weißbrot
Rucola
1 Avocado
etwas Zitronensaft
Mozzarella di Buffalo oder
Halloumi
Frischkäse
eingelegte Paprika
(Rezept siehe S. 41)
Parmaschinken oder
geräucherte Truthahnbrust

Eine Grillpfanne mit etwas Olivenöl einstreichen und erhitzen. Das Weißbrot in Scheiben schneiden und in der Pfanne anrösten.

Den Rucola waschen und gut abtropfen lassen oder trocken schleudern. Die Avocado halbieren und den Stein entfernen. Das Fruchtfleisch aus der Schale löffeln, in feine Scheiben schneiden und in eine Schale mit Zitronenwasser legen, damit sie nicht braun werden.

Nach Geschmack Mozzarella oder Halloumi in der Grillpfanne anschmelzen lassen.

Die gerösteten Brotscheiben leicht mit Frischkäse bestreichen, anschließend nach Belieben mit den restlichen Zutaten belegen.

KITCHEN MAKEOVER

MANCHMAL BRAUCHT ES EINE KLEINE VERÄNDERUNG, UM SICH WIEDER WOHL ZU FÜHLEN.

Keine große Philosophie – nur von mir, MIRA ☺

Es gibt Veränderungen in unserem Leben, die mögen wir so gar nicht. Sie kommen ungelegen oder reißen uns aus unserer Bequemlichkeit – ausgerechnet dann, wenn wir uns wohl und behaglich fühlen und so gar keine Lust auf etwas Neues haben.

Aber es gibt auch positive Veränderungen, nämlich dann, wenn man von dem, was man hat, nicht mehr überzeugt ist oder schlicht und ergreifend das Bedürfnis hat, auszumisten und etwas Platz zu schaffen. So ging es mir mit unserer Küche. Ich wollte unbedingt mehr Einfachheit, wenn Ihr versteht, was ich meine. Es sollte immer noch eine schöne, gemütliche und einladende Küche bleiben, aber eben leichter und cleaner. So hatten wir uns entschlossen, einen neuen, weißen Fliesenspiegel im Metro-Style anbringen zu lassen.

Nicht nur die Fliesen wurden erneuert, auch ein neues Regal mit schwebender Halterung musste her und lässt das Ganze nun viel heller und luftiger wirken. Bei der Auswahl der Gegenstände, die einen Platz auf dem Regal ergattert haben, entschied ich mich vor allem für diejenigen, die tatsächlich in ständigem Gebrauch sind und zudem auch farblich zusammenpassen.

Vor allem durfte es nicht mehr so durcheinander und überladen wirken. Meine Mason Ball Jars zum Beispiel sind bei uns in ständigem Gebrauch, ob für Müsli mit Früchten, Smoothies oder einfach, um darin leckere Reste im Kühlschrank aufzubewahren. Ein wenig umgestellt haben wir auch: KitchenAid und Kaffeemaschine haben die Plätze getauscht und auch die Fensterbank und die Arbeitsfläche wurden gründlich „entrümpelt" und mit neuen, leichten Accessoires versehen.

Natürlich sind das alles nur kleine Veränderungen und nicht von großer Bedeutung. Doch auch diese kleinen Schritte führen dazu, ein gutes Gefühl zu empfinden. Nicht in jedem von uns steckt ein kleiner Rebell, wir müssen nicht gleich unser ganzes Umfeld auf den Kopf stellen, um uns in unserer Haut wohler zu fühlen. Wer weiß, vielleicht legen solch kleine Umgestaltungen den Grundstein für neue Ideen und Herausforderungen.

ELDERFLOWER LOVE

„... EINIGE NENNEN MICH MUTTER HOLUNDER, ANDERE NENNEN MICH DRYADE, ABER EIGENTLICH HEISSE ICH ERINNERUNG"

Hans Christian Andersen (1805–1875), Mutter Holunder

Schwarzer Holunder (*Sambucus nigra*), Holler, Holder, Elderbaum – wie man ihn auch nennen mag, für mich gehört er zum Spätfrühling bzw. Frühsommer einfach dazu. Ich bin froh, dass ich diesen alten, sagenumwobenen Baum in meinem Garten habe. Wenn die weißen Dolden blühen, ist dies ein untrügliches Zeichen dafür, dass sich der Sommer mit großen Schritten nähert. Die weißen Blüten sind wie tausend kleine Sterne und wenn man sie nicht verarbeitet und den Holunder reifen lässt, rieseln sie wie klitzekleine Schneeflöckchen zu Boden.

Besonders im Mittelalter hatte der Holunder viele verschiedene Bedeutungen. Gute wie auch böse Mythen ranken sich um ihn. So soll er, am Haus oder Hof gepflanzt, böse Geister fernhalten. Die Kelten verehrten den Baum, bei ihnen galt er als „Baum der Königin". Bei den Germanen soll er der Sitz der Göttin Holder oder Holla (im Märchen Frau Holle) gewesen sein.

Heutzutage wird er kaum beachtet, wächst oft wild entlang an Landstraßen und Autobahnen und wird von einigen sogar als störend wucherndes Gehölz empfunden.

Doch wer gerne das Gute der Natur für sich zu nutzen weiß und die Blüten und Früchte dieser Zauberpflanze verarbeitet, möchte sie nicht missen (ganz zu schweigen von allen Hugo-Liebhabern, denn ohne Holunderblütensirup kein Hugo).

Aus den Holunderblüten lässt sich ein zarter, sehr lieblich schmeckender Sirup oder auch ein leckeres Gelee kochen. Die Blütendolden können auch durch einen dünnen Teig gezogen und in Öl zu leckeren Holunderküchlein ausgebacken werden.

Der Geschmack von Holunderblüten ist unvergleichlich, sehr speziell und erinnert an eine Mischung aus floralen Aromen und Honig.

IM SPÄTSOMMER (falls man noch einige Dolden am Baum gelassen hat) kann man dann die dunklen Holunderbeeren ernten. Sowohl die Beeren als auch Blüten sollte man nicht im rohen Zustand verzehren, da sie leicht toxisch sind. Aus den Beeren lässt sich ebenfalls ein Sirup kochen. Ein besonders gesunder sogar, denn die Beeren haben einen hohen Mineralstoff- und Vitamin-C-Gehalt.

Der Saft schützt das Immunsystem, hilft bei Erkältungsbeschwerden und soll einem Herzinfarkt vorbeugen. Im Norden ist die Fliedersuppe bekannt und sogar Wein lässt sich aus den Beeren keltern.

Eigentlich sind alle Teile dieses Baums verwendbar. Seine Wirkstoffe befinden sich in Wurzeln, Rinde, Blättern, Blüten und Beeren, doch sollte man sich als Laie mit der Verarbeitung der Blüten und Beeren zufriedengeben.

ELDERFLOWER

Lemonade

Holunderblütensirup
Eiswürfel
Wasser
1–2 Scheiben von 1 Bio-Zitrone
Minze

Für ein Glas erfrischende Limonade (ca. 250 ml) den Holunderblütensirup im Verhältnis 1:4 über Eiswürfel geben und mit Wasser aufgießen (ich bevorzuge stilles Wasser ohne starke Geschmacksnuancen).

1 bis 2 Zitronenscheiben und einen leicht angedrückten Minzestängel dazugeben, alles gut verrühren und servieren.

HOLUNDER
Blütensirup

ergibt ca. 3,5 l

ca. 25 unbehandelte Holunderblütendolden
2 kg Zucker
2 l Wasser
1 Bio-Zitrone
50 g Zitronensäure
Saft- oder Mulltuch

Die Holunderblütendolden (unbehandelt und nicht direkt vom Straßenrand) gut ausschütteln, um ggf. kleine Insekten zu entfernen. Bitte nicht waschen, denn dabei würden die Blütenpollen, die für das Aroma verantwortlich sind, verloren gehen. Die Dolden von langen, groben Stielen befreien (an der Blütenstandsachse abschneiden).

Für den Sirup Zucker und Wasser zusammen aufkochen. Die Zitrone mit kochendem Wasser übergießen und in Scheiben schneiden. Blüten, Zitronenscheiben und Zitronensäure in eine große Schüssel geben und mit dem Zuckersirup übergießen. Den Ansatz abkühlen lassen und zugedeckt an einem dunklen Ort 2 bis 3 Tage ziehen lassen.

Den Sirup durch ein Tuch in einen Topf abseihen. Sirup nun nochmals aufkochen und heiß in saubere, abgekochte Flaschen füllen. Flaschen gut verschließen und kühl und dunkel (am besten im Keller) lagern.

Haltbarkeit: ca. 1 Jahr (je nach Lagerung auch länger)

Tipp: Zitrone unbedingt mit kochendem Wasser übergießen, um diese zu sterilisieren. Wenn Sirup vorzeitig in der Flasche schimmelt, ist die nicht ausreichend gereinigte Zitrone daran schuld.

DER GARTEN
im Sommer

SUMMER AFTERNOON – SUMMER AFTERNOON; TO ME THOSE HAVE ALWAYS BEEN THE TWO MOST BEAUTIFUL WORDS IN THE ENGLISH LANGUAGE.

Henry James (1843–1916)

Hand aufs Herz: Wer von uns liebt sie nicht, die trägen, faulen Sommernachmittage auf einer Liege im Schatten, mit einem guten Buch und einem kühlen Getränk? Wenn Vögel und Grillen um die Wette zirpen und der heiße Tag langsam in einen lauen Abend übergeht.

Ich bin nicht wirklich ein Sommer-Freak, von mir aus könnte man diese Jahreszeit auch streichen. Das liegt aber nur daran, dass in unserer Region das Wetter meist nicht so mitspielt: Entweder ist es drückend heiß und schwül oder verregnet und sonnenarm. Ein Mittelding ist leider nicht drin.

Wo doch das Mittelding aber das Schöne am Sommer ist: 25 Grad, Sonne und in regelmäßigen Abständen ein warmer Sommerregen, der die Luft reinigt und den Staub davonträgt. Solch ein „normaler" Sommer ist auch für den Garten sehr wichtig.

Ist es zu heiß, kümmern die meisten Pflanzen vor sich hin und sogar die Rosen beginnen, mit ihren Blüten zu geizen. Ist es jedoch zu nass, streiken die meisten Schönheiten oder faulen regelrecht vor sich hin. Die Rosen entwickeln dann sogenannte Mumien-Blüten, die sich nie öffnen, bräunlich werden und abfallen.

Die Pfingstrosen werden durch das Wasser schwer und lassen die Köpfe bis zum Boden hängen. Also ist ein ausgewogener Sommer ausschlaggebend für die Schönheit des Gartens und den Erfolg im Obst- und Gemüsebeet. Ich liebe es, wenn im Juni und Juli alles in voller Blüte steht.

Unser Garten bietet zwar keine regenbogenähnliche Farbexplosion, aber es blüht und grünt in jedem Winkel. Weiß, Rosé, Pink und Hortensienblau dominieren als Farbenspiel. Das reicht mir auch schon an Farben, denn diese Nuancen stehen für Frische und Leichtigkeit.

LAZY SUMMER DAYS auf der Terrasse mit einem kühlenden Lillet Berry, süßen Früchten und Rosenblütenblättern all over. Unsere 'New Dawn'® blüht sehr üppig am Balkonbalken entlang. Die Blütenblätter fallen natürlich in alle Richtungen. Mich stören sie jedoch nicht. Im Gegenteil, dieser Anblick ist so romantisch und sommerlich, dass mir regelrecht das Herz aufgeht. Jeder leichte Windhauch trägt einen zarten Rosenduft mit sich, während er unserer warmen Sommerhaut eine willkommene kleine Abkühlung beschert. Das ist für mich „Slow Living par excellence".

IT IS THE TIME YOU HAVE WASTED FOR YOUR ROSE THAT MAKES YOUR ROSE SO IMPORTANT.

Antoine de Saint-Exupéry (1900–1944), Le Petit Prince

EIN HORTENSIENMEER erstreckt sich unter unserem Quittenbäumchen auf der Ostseite unseres Hauses. Für Hortensien die beste Lage: Morgens die noch erträgliche Sonne und nachmittags der kühlende Schatten, der die Blütendolden vorm Verbrennen schützt.

EIN SOMMERBARBECUE mit Freunden ist Leben pur und voller Lachen, Gespräche, Drinks und gutem Essen bis in die späte Nacht. Einmal im Jahr veranstalten wir dieses Barbecue. Tische, Haus und Garten werden zu dieser Gelegenheit herausgeputzt und dekoriert. Bei diesem Barbecue hatte ich den 4. Juli, den amerikanischen Feiertag, im Sinn – wieso nur?

Die Geißraute (*Galega officinalis*) und die Jungfer im Grünen (*Nigella damascena*) blühen den ganzen Sommer um die Wette und ergeben ein wunderschönes Farbenspiel. Den langen Blütenstielen zuzusehen, wie sie sich im Sommerwind wiegen, ist sehr beruhigend und hat etwas Zauberhaftes an sich.

IM GEMÜSEBEET wachsen die im Frühjahr gesetzten Zöglinge um die Wette und bereits pflückreife, knackige Salatköpfe warten darauf, geerntet zu werden. Die Mandeln reifen in ihrem, mit zartem Flaum überzogenen Mantel heran. Erntereif sind die Mandeln, wenn sich die Schalen öffnen, aber noch leicht feucht sind. Dann kann man sie mit einem Holzstiel vom Baum klopfen und aufsammeln. Es empfiehlt sich, eine Plane oder Decke unterzulegen, damit man die Früchte besser findet.

STRAWBERRIES

DIE SÜSSE DER ERDBEERE IST DER GESCHMACK VON SOMMERSONNE AUF DER ZUNGE.

Mira

Sie sind rot, klein, süß und zaubern 90 Prozent der Menschen ein Lächeln ins Gesicht. Mit ihrem unbeschreiblich leckeren Aroma und dem zarten Fruchtfleisch (ja, an alle Besserwisser da draußen, ich weiß, die kleinen, nussig schmeckenden „Nüsschen" auf der Oberfläche sind die eigentlichen Früchte) sind sie die Lieblinge des Sommers.

Ob im Joghurt, im Smoothie, auf dem Kuchen oder pur, sie schmecken einfach in jeder Form. Wir haben in unserem Garten gleich mehrere Sorten, unter anderem 'Mieze Schindler'. Ihr Aroma erinnert stark an die kleinen Walderdbeeren, von denen auch einige in unserem Garten wild wuchern. Ihre Früchte sind nicht so groß und eher rund.

Am besten schmecken Erdbeeren immer noch selbst gepflückt, warm von der Sonne und direkt in den Mund gestopft. Wart Ihr in Eurer Kindheit samstagnachmittags auch oft mit euren Eltern Erdbeeren pflücken? Mit seinem Eimerchen ist man die mit Stroh unterlegten Reihen abgelaufen, immer eine Erdbeere ins Eimerchen werfend und drei in den Mund stopfend. Bei mir endete so ein sonniger Tag auf dem Erdbeerfeld meist mit einem Anflug von Sonnenbrand und Bauchschmerzen. Aber schön war es dennoch. Ich denke, dass ich als gute Tante dieses Jahr mal mit meiner Nichte und meinem Neffen Erdbeeren pflücken sollte.

Es gibt unzählige, leckere Erdbeerrezepte. Besonders lecker als Frucht im Eaton Mess mit selbst gemachtem Minzzucker verfeinert. Frische Erdbeerkonfitüre nicht zu vergessen. Diese wird gerne braun, wenn man das falsche Zucker-Frucht-Verhältnis wählt. Daher beim Einkochen von Erdbeeren darauf achten, Gelierzucker im Verhältnis 1:1 zu verwenden. Ein Schuss natürliche Zitronensäure verhindert ebenfalls die bräunliche Farbe.

Hier nun für Euch aber meine zwei absolut oberschmackofatzigsten Lieblingsrezepte.

VICTORIA SPONGE CAKE
with Strawberries

FÜR DEN TEIG:
200 g Butter
200 g Zucker
4 Eier (Größe M)
200 g Mehl
1 gehäufter TL Backpulver
etwas Milch (falls der Teig zu fest ist)

FÜR DIE FÜLLUNG:
150–200 g Erdbeeren
400 g Sahne
2 EL Zucker
Mark von ½ Vanilleschote

Den Backofen auf 180 °C (Umluft) vorheizen. Butter und Zucker schaumig schlagen. Eier nach und nach hinzufügen und vollständig unterrühren. Das Mehl mit dem Backpulver vermengen. Die Mehlmischung portionsweise sieben und einrühren. Sollte der Teig zu fest sein, etwas Milch hinzufügen.

Den Teig gleichmäßig auf zwei Backformen (20 cm Durchmesser) verteilen und im vorgeheizten Backofen ca. 25 Minuten backen, ggf. eine Stäbchenprobe machen. Die fertigen Böden aus dem Ofen nehmen und abkühlen lassen.

Die Erdbeeren waschen, putzen und in mundgerechte Stücke schneiden. Sahne mit dem Zucker und dem Vanillemark steif schlagen. Sahne und Erdbeeren auf den Böden verteilen und zusammensetzen.

STRAWBERRY
Crumble

500 g Erdbeeren
Abrieb von ½ Bio-Zitrone
1 EL Puderzucker
Mark von ½ Vanilleschote
200 g Mehl
200 g Zucker
100 g kalte Butter

Den Backofen auf 180 °C (Umluft) vorheizen. Die Erdbeeren waschen, putzen und je nach Größe halbieren. Anschließend in eine Auflaufform geben.

Zitronenabrieb, Puderzucker und Vanillemark zu den Erdbeeren geben und gut vermengen. Mehl, Zucker und die kalte Butter in eine Schüssel geben und mit den Händen zu Streuseln verarbeiten. Dabei darauf achten, dass die Krumen nicht zu fein werden – grobe Streusel schmecken einfach besser.

Die Streusel über die Erdbeeren geben und im vorgeheizten Backofen ca. 10 bis 15 Minuten backen, bis die Streusel eine leicht goldbraune Farbe annehmen.

Den Crumble pur oder mit Vanilleeis servieren.

PEONY SUMMER

KEIN KLEID, MÖGE ES NOCH SO VIELE LAGEN TAFT, TÜLL UND SPITZE TRAGEN, KANN DIE SCHÖNHEIT EINER PFINGSTROSE ÜBERRAGEN.

Mira

Sie ist die Königin des Frühsommers. Meist sind ihre Blüten groß, stark gefüllt und so schwer, dass sich die Blütenstiele unter ihrer üppigen Last zu Boden neigen. Die Pfingstrose (*Paeonia*) gibt es in vielen wunderschönen Sorten.

Meine liebste Sorte ist 'Sarah Bernhardt', eine Züchtung von Lemoine aus dem Jahre 1906. Ihre großen, hellrosa Blüten sind sehr stark gefüllt und gerüscht. Die Staude wird ca. 1 Meter hoch und ist hervorragend als Schnittblume geeignet. Im Garten wirkt sie königlich in ihrer Blütenpracht, doch wenn es regnet, mutiert sie schnell zur Trauerweide. Das Wasser lässt ihre Blüten so schwer werden, dass sich diese auf dem Boden wiederfinden.

Nach einem Regentag rette ich solche „Bodenblüten", indem ich sie abschneide, vorsichtig das Wasser aus den Blütenköpfen schüttele und sie in großen Vasen im ganzen Haus verteile. Diese Blüten bringen so eine Sommerfrische ins Haus, dass man sich daran nicht sattsehen kann. Sie verströmen ein zartes Duftgemisch aus Pfingstrosen und Sommerregen.

DAS HELLE, ZARTE, LEICHT SILBRIGE ROSA ist sehr romantisch, ohne kitschig zu wirken. Ob im Retro-Stil zum Roberts Radio „Duck Egg" oder zu schwarzen und grauen Wohnakzenten, die üppigen Blüten perfektionieren und komplettieren jedes Interieur.

WELCOME TO *the Beachmotel* SPO

Hier sitze ich vor einer leeren Seite und überlege mir, mit welchen Worten ich am besten meinen wunderschönen Kurzurlaub in St. Peter-Ording für Euch beschreibe. Es ist nicht so einfach, eine so traumhafte Zeit in Worte zu fassen, auch wenn mir die vielen schönen Bilder gewiss dabei helfen werden. Schließlich können weder Bilder noch wohlklingende Sätze die Atmosphäre als solches wiedergeben.

Der Duft des Meeres, das Rauschen des Windes, das Schlagen der Wellen sowie der Ruf der Möwen und das Surren der Drachenschnüre. Das Gefühl des Sandes auf meiner Haut, während ich die Zehen hineingrabe. Das Prickeln der salzigen Luft auf meinem Gesicht. Das unbeschreibliche Gefühl eben, das einem nur ein Tag am Meer schenken kann. Besonders ein Tag an der geliebten Nordsee.

St. Peter-Ording habe ich durch die Familie meines Mannes kennen und lieben gelernt. Viele Male haben wir hier bereits Urlaub gemacht und für mich ist und bleibt es mein Zuhause an der See.

Dieses Jahr habe ich wundervolle Tage mit meiner Freundin Vanessa im „Beach Motel" in Ording verbracht. Ein Hauch Neuengland an der Nordsee. Das Beach Motel ist keine konventionelle Hotel-Anlage. Es ist ein junges, lässiges und sehr stylisches Strandmotel der besonderen Art.

Viele Themensuiten sowie Lofts und gemütliche Basic-Zimmer bieten einen wundervollen Wohnkomfort mit hohem Coolness-Faktor. Denn in welchem Hotel kann man sich bitte einfach mal einen MINI leihen, um die Gegend zu erkunden, und vor welchem Urlaubsdomizil parkt schon so ein cooler, alter VW-Bus mit Surfbrett auf dem Dachgepäckträger?

Wer also in seinem Nordseeurlaub mal nicht dem Standard entsprechend wohnen, sondern etwas Surfer-Lifestyle schnuppern und einen Hauch Hampton verspüren möchte, dem kann ich das Beach Motel nur wärmstens ans Herz legen. Wir haben uns hier rundum wohlgefühlt.

DIE LOBBY — A WARM WELCOME Es ist eigentlich gar keine richtige Lobby, es ist ein großes, urgemütliches Wohnzimmer oder ein genialer Aufenthaltsraum zum Abhängen, wenn das Wetter mal so gar nicht mitspielt.

COOL BASICS! Ich bin ein Mensch, der sich sehr gerne mit schönen Dingen umgibt – gewiss, Schönheit liegt im Auge des Betrachters –, daher muss meine Urlaubsunterkunft mindestens genauso schön sein wie mein Zuhause oder eben schöner. Urlaub bedeutet Erholung, Entspannung und Genuss. Die Seele baumeln lassen sowie reizvolle Dinge erleben. Vielen ist ihre Unterbringung egal oder nebensächlich, für mich jedoch nicht. Eigentlich ist es ein wichtiger Faktor, um abzuschalten. Wie sollen sich Geist und Körper regenerieren, wenn das Umfeld nicht stimmt? Für mich hat hier alles gepasst, angefangen vom Zimmer (wir hatten ein Standardzimmer) bis hin zum Frühstück.

DIE RIVIERA MAISON SUITE Während unseres Aufenthaltes hatten wir das Glück, dass in der Riviera Maison Suite gerade ein Zimmer Check-Out stattfand. Ein sehr freundlicher Hotelmitarbeiter an der Rezeption hat dafür gesorgt, dass wir nach der Zimmerreinigung in die Suite konnten, um einige Bilder zu machen.

SEASIDE LIVING! Betritt man die Suite, fühlt man sich augenblicklich wie in einem Strandhaus. Die Marke Riviera Maison ist im Einrichtungs- und Dekorationsbereich bekannt für ihre maritime Designlinie und ganz besonders für den East-Coast-Look.

ESSEN IM DII:KE! Wenn man Hunger hat oder Kuchengelüste am Nachmittag verspürt, lohnt es sich, im Hotelrestaurant essen zu gehen. Wunderbare Fischgerichte, feinste Steinofenpizzen sowie vegetarische und vegane Gaumenfreuden findet man hier auf der Speisekarte. Das Beste daran: Während man am Tisch sitzt und sein leckeres Essen verdrückt, kann man ganz nebenbei die Füße in den Sand stecken. Urlaubsfeeling erster Güte!

A DAY AT THE BEACH

MY SOUL IS FULL OF LONGING FOR THE SECRET OF THE SEA, AND THE HEART OF THE GREAT OCEAN SENDS A THRILLING PULSE THROUGH ME.

Henry Wadsworth Longfellow (1807–1882)

Die schönsten Erinnerungen an meine Kindheit sind Sommer, Sonne, Strand und Meer. Auch wenn ich mit meinen Eltern dieses Vergnügen hauptsächlich an der kroatischen Adria hatte.

Jeder Strand und jedes Meer haben ihre Reize. Aber meine über alles geliebte Nordsee ist etwas ganz Besonderes. Sie kann so rau und unbarmherzig sein und an heißen Sommertagen doch so sanft, fromm und weich wie ein Deichlamm. Mein Herz habe ich an die Strände von St. Peter-Ording verloren.

An der Nordsee liegt man nicht nur am Strand, hier schafft man sich Erinnerungen. An windigen Tagen lässt man Lenkdrachen steigen und folgt ihnen mit den Augen hoch in die Lüfte, während einem der Wind die Haare ums Gesicht weht. Ausgedehnte Spaziergänge am Strand in Gummistiefeln und Regenjacke, das unentwegte Rauschen der Wellen in den Ohren und das Gefühl der Regentropfen auf den Wangen, um sich dann später an einem Grog wieder aufzuwärmen.

An den heißen, sonnigen Tagen streckt man seine Zehen tief in den warmen Sand, genießt jeden Sonnenstrahl auf seinem Körper und lauscht mit geschlossenen Augen den Möwen.

Wird es einem zu warm, setzt man sich in seinen Strandkorb, der vor Wind und zu viel Sonne schützt. Man unterhält sich ausgelassen mit Freunden, läuft am Strand entlang und pult mit den Fingerspitzen kleine Muscheln aus dem Sand, die man mit nach Hause nimmt, um sie sich als Urlaubserinnerung auf den Schreibtisch zu legen.

Nirgendwo sonst gelingt es mir so gut wie hier, den Kopf völlig frei zu bekommen und diese wundervolle Leere zu genießen. Der unendlich weite Blick, der unendlich weite Strand und das unendlich weite Meer – eine Fülle von Unendlichkeit.

Ich hatte am Nordseestrand noch nie das Gefühl einer Sardine in der Sardinenbüchse. Selbst an den schönsten Tagen hat man seinen Freiraum, seine Wohlfühlzone, ohne sich wie eine Perle an einer Perlenschnur zu fühlen.

Die einzigartig gute Luft zu atmen, seine Lungen damit zu füllen, als wäre es der erste und der letzte Atemzug, berauscht den Kopf so sehr, dass man sich fast schwindelig fühlt.

Es zieht mich immer wieder dorthin zurück, für immer und mein Leben lang.

MEMORIES MADE IN FLIP FLOPS LAST A LIFETIME.

Author Unknown

LIVE IN THE SUNSHINE, SWIM IN THE SEA — DRINK THE WILD AIR.

Author Unknown

WOVON IMMER DU TRÄUMST — FANG DAMIT AN.

Johann Wolfgang von Goethe

MUTTERLAND
Hamburg
(WARUM IN DIE FERNE SCHWEIFEN, WENN DAS GUTE LIEGT SO NAH ...)

Hamburg ist immer einen Abstecher wert. Besonders wenn man liebe Menschen besucht und mit ihnen die Stadt erkunden kann. Bei meinem letzten Besuch wollte ich unbedingt zu „Mutterland", ein moderner und doch traditionell anmutender Hamburger Feinkosthandel. Mutterland wurde 2007 von Designer und Gastronom Jan Schawe gegründet.

Betritt man den Laden, fühlt man sich ein wenig wie in einem Geschäft in Harry Potters Winkelgasse. Hohe Regale, über und über bestückt mit außergewöhnlich schönen, kuriosen oder nostalgischen Flaschen, Fläschchen, Dosen und Schachteln.

Alle Produkte stammen aus eher kleineren, familiengeführten, deutschen Manufakturen und sind biologisch, nachhaltig und fair produziert. Hier findet man alles, was das Schlemmerherz begehrt! Verpackungsliebe wird hier ebenfalls groß geschrieben.

Ich wusste gar nicht, wo ich zuerst zugreifen sollte. Wäre ich statt mit dem Zug mit dem Auto angereist, hätte ich mit Sicherheit von allem jeweils ein Paar mitgenommen (der Mensch braucht schließlich von allen Dingen immer zwei, falls eins kaputtgeht oder gegessen wird).

EINE REGELRECHTE EUPHORIE hatte mich gepackt. Schokoladen, Bonbons, Limonaden, kleine Tartelettes und Törtchen, Lieblings-Gins und heimische Geister, süß und salzig, scharf oder mild, es ist alles da und das reichlich. Und alles mit einer hervorragenden CO_2-Bilanz. Frischer Kaffee und hausgemachte Leckereien zum Vor-Ort-Verputzen oder zum Mitnehmen runden das perfekte Angebot ab.

Es hätte mich nicht gewundert, in einem der Regale Harry Potters „Bertie Botts Every Flavour Beans" zu entdecken, aber „Artificial Flavours" sucht man im Mutterland vergebens. Hier gilt back to basic, back to homemade – Made in Germany.

In drei wunderschönen Filialen in Hamburg habt Ihr die Möglichkeit, den schönen Dingen des Lebens zu frönen. Ich empfehle Euch wirklich, alle drei Filialen zu besuchen. Auch wenn das Konzept das gleiche ist, jede Filiale hat ihren eigenen Charme und ein leicht variierendes Angebot.

QUALITÄTEN & KURIOSITÄTEN Ob Affen in Flaschen, Pechkekse, Senf oder raue Seebären mit Pfeife, im Mutterland bekommt man alles.

A Weekend in BERLIN

(ODER AUCH „DIE STILLE DES GROSSSTADTDSCHUNGELS")

Ein Besuch unserer Hauptstadt stand für mich eigentlich nicht auf meiner Liste „Dinge, die ich im Leben unbedingt noch machen möchte ..." Ehrlich gesagt hat es mich nie gereizt, Berlin zu besuchen, da ich nie einen gewissen Flair, magische, historische oder sagenumwobene Ereignisse oder Anziehungskräfte in dieser Stadt gesehen habe.
Für mich war Berlin immer nur ein Kessel Buntes voller unterschiedlicher Kulturen. Ein menschenverschlingender, unruhiger und unersättlich lauter Moloch wie die meisten Großstädte. Aber wie es im Leben nun einmal so läuft, ergeben sich auch auf die Entfernung Freundschaften und so kam es, dass meine Freundin Thalia und ich uns in den Flieger setzten und eine Freundin in Berlin besuchten.

Wir wurden am Flughafen (nicht dem neuen, den gibt es ja „noch" nicht) abgeholt und machten direkt Bekanntschaft mit der Berliner Herzlichkeit in Form eines herzhaften Wortwechsels zwischen meiner besagten Freundin und einem „netten" und äußerst ungeduldigen Berliner Autofahrer, es konnte also nur besser werden.

Und wir wurden nicht enttäuscht. Nach einer kleinen, rasanten Auto-Stadtführung landeten wir im Westend und dort in einer kleinen (nun, im Verhältnis zur Stadt gesehen) feinen Oase der Ruhe und des Friedens. Mitten in der Großstadt, ein leises Fleckchen Erde.

UNSER DOMIZIL war eine Ferienwohnung in einer typischen Berliner Villa aus den 20er-Jahren. Liebevoll und mit aller Sorgfalt ausgestattet und so groß, dass man sich in ihr verliert. 200 Quadratmeter pure Lebensfreude à la Noblesse Oblige! Ein Hauch Südfrankreich mitten in der deutschen Hauptstadt. Gekonnt wurden hier französische Wohnelemente mit nordischer Leichtigkeit kombiniert.

HELLE UND LICHTDURCHFLUTETE RÄUME geizen nicht mit optischen Reizen und man kann sich an den hochwertigen, schönen Möbeln, Farben und Stoffen kaum sattsehen. Durch die wunderschöne, geräumige Diele gelangt man in den traumhaften Wohn- und Essbereich. Durch die aufeinander abgestimmten grauen und weißen Farbtöne wirkt der Raum frisch und einladend, wie in einem großen Haus am Meer.

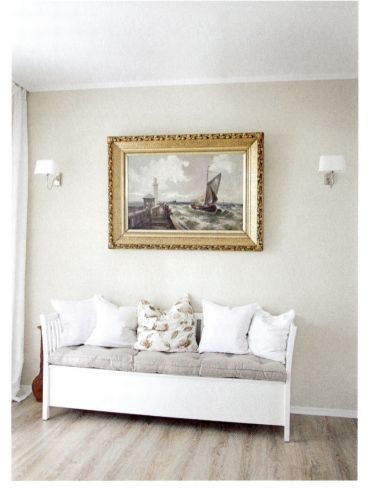

SELBST FÜR DAS KINDERGLÜCK ist hier gesorgt. Ein neutrales Jugendzimmer und ein kuscheliges Mädchenzimmer lassen Kinderherzen höher schlagen. Wahrlich, es fällt einem schwer, hier wieder abzureisen, ohne sich an einem Türrahmen festzuklammern und mit Gewalt aus der Wohnung entfernt zu werden.

EINE GUTE NACHT und mit Sicherheit einen wunderschönen guten Morgen hat man in den Schlafbereichen dieser Villa. Die Schlafzimmer sind mit Bedacht und sehr dezent ausgestattet. Hier findet man nichts, das von der nächtlichen Ruhe und Entspannung ablenken könnte.

Dennoch sind die Schlafzimmer sehr behaglich und gemütlich. Man fühlt sich zu Hause, ohne einen Hauch von Fremde oder Hotelatmosphäre.

Auch hier wurde sehr großen Wert auf ein absolut stimmiges Farbkonzept gelegt.

KOCHEN UND ARBEITEN Selbst das ist mit allen Annehmlichkeiten möglich. Die große, zweizeilige Küche ist perfekt ausgestattet. Auch das Geschirr ist sehr geschmackvoll. Hier ist nichts zusammengesammelt oder aus Restbeständen – so hat man sogar die Möglichkeit, eine Dinner-Tafel perfekt einzudecken.

Im Arbeitszimmer kann man sich mit seinem Laptop an den prächtigen, alten, massiven Schreibtisch zurückziehen. Dieser ist so platziert, dass man einen wunderschönen Blick ins Grüne hat. Auch hier wurde an alles gedacht. Trotz modernster Ausstattung fühlt man sich wie in eine andere Zeit versetzt.

BEI MUTTER FOURAGE in Berlin Wannsee. Ein sonniger Tag draußen im Hofcafé. Mutter Fourage ist über 100 Jahre alt. Hier wurde früher mit Mehl und Futtermittel (Fourage) gehandelt. Heute befinden sich hier eine Galerie, ein Hofcafé und ein Hofladen sowie eine Gärtnerei. Relaxter lässt sich ein lauer Sommertag kaum verbringen.

BEAUTIFUL *Sanssouci*

EIN AUSFLUG NACH POTSDAM SANSSOUCI sollte man sich bei einem Berlin-Aufenthalt nicht entgehen lassen. Der Park und das Schloss sind wunderschön und sehr weitläufig. Es gibt so viel zu sehen! Viele eindrucksvolle Anlagen und Gebäude gibt es zu bestaunen. Darunter natürlich das Schloss selbst oder auch die Orangerie.

Für dieses weite Gelände sollte man einen ganzen Tag einplanen, um wirklich alles zu sehen und zu erkunden, aber auch vor allem, um die Ruhe dabei zu genießen.

EINE TAUFE IM SOMMER

UND PLÖTZLICH WEISST DU:
ES IST ZEIT, ETWAS NEUES ZU BEGINNEN UND
DEM ZAUBER DES ANFANGS ZU VERTRAUEN.

Meister Eckhart (1260–1328)

Ein Neubeginn, zu dem wir Menschen uns entscheiden, ist der Beginn neuen Lebens. Dieser Schritt ist für Eltern ein Schritt in eine aufregende Zukunft.

Um den neuen kleinen Menschen in unserer Gemeinde willkommen zu heißen und ihm seinen Namen zu geben, begehen wir das Fest der Taufe. Ein Fest der Reinheit und des Neubeginns. Ja, in der Taufe liegt der Zauber des Anfangs.

Eine Taufe im Sommer ist etwas ganz Besonderes. Vor allem, wenn man das Fest im Garten unter freiem Himmel feiern kann. Die Stimmung ist ungezwungener und freier.

Viele Vorbereitungen kann man selbst oder mithilfe von Familie und Freunden bereits einige Tage davor treffen und den Tag ganz nach seinen Vorstellungen planen. In Gestaltung und Dekoration kann man sich frei entfalten und hat dazu das passende Umfeld.

Meine Freundin Bianca hatte für die Taufe ihres Sohnes Noel eine wunderschöne, frische, weiße Gartenidylle gezaubert. Mit einigen himmelblauen Akzenten war alles perfekt aufeinander abgestimmt. Selbst die Blumensträuße trugen einen zarten Hauch von Blau.

SEASIDE COTTAGE ganz im Zeichen von Weiß und Hellblau für das neugeborene Sternchen.

AM SWEET TABLE kann man sich nach Lust und Laune an Kuchen und Limonade bedienen und diese unter freiem Himmel an einem traumhaft sonnigen Tag genießen. Viel Platz und gemütliche Sitzgelegenheiten laden dazu ein, einen wunderschönen Tag zu feiern.

DER GARTEN
im Herbst

LIFE STARTS ALL OVER AGAIN WHEN IT GETS CRISP IN THE FALL.

F. Scott Fitzgerald (1896–1940), The Great Gatsby

Die Tage werden langsam kühler und kürzer und Tau legt sich auf den Wiesen nieder. Die Luft riecht erdig und frisch und Spinnweben fliegen durch die Luft. Reife, süße Früchte hängen in den Obstbäumen und warten darauf, gepflückt zu werden. Spätsommerliche warme Tage wechseln sich mit nebelverhangenen Tagen ab und bringen einen Hauch Melancholie mit sich.

Im Garten ist der Herbst eine ziemlich arbeitsreiche Zeit. Hecken werden zurückgeschnitten, Beete ausgeputzt. Quitten, Äpfel und Birnen werden geerntet, eingelagert oder eingemacht. Der Garten wird nach und nach für den Winter vorbereitet.

Aber auch im Herbst blüht es immer noch und das Farbspiel ist betörend. Die Rosen haben im Herbst ihren zweiten Frühling. Sie bäumen sich nochmals auf und schenken uns noch einige wundervolle, ganz spezielle Blüten, die einen zarten Hauch Nostalgie und immerwährender Schönheit in sich tragen, als würden sie sich gegen das Ende des Sommers wehren. Die Hortensiendolden erinnern an tiefroten, schweren Burgunder und schenken dem Herbst sein rotwangiges Gesicht.

Ich liebe den Herbst. Leider wird er von vielen kaum wahrgenommen, obwohl er uns so viel Schönes zeigt und schenkt. Er ist nicht nur nass und kalt. Er ist bunt und fröhlich und manchmal auch grau und träge.

Wie schön doch so ein Herbstmorgen ist, wenn man auf die Terrasse hinaustritt, die kalte, frische Luft einatmet und an seinem heißen Pott Kaffee nippt. Wenn der Blick über den Garten schweift und die Krähen ihren klagenden Ruf anstimmen. In diesen Momenten kehrt absolute Stille in mir ein und ich bin, ja, ich bin glücklich.

EIN GARTENFEST im Frühherbst hat eine ganz eigene Stimmung. Die Sonne steht tiefer und hüllt alles in ein ganz besonderes Licht. Es ist sanfter und weicher als im Hochsommer.

Die Abende werden schneller kühl und kuschelige Strickjacken und viele wärmende Teelichter sind unerlässlich.

Hortensien mit herbstlichen Gartenrosen sowie kleine Baby-Boo-Kürbisse ergeben eine wunderschöne Tischdekoration.

'SEA FOAM'® heißt diese Schönheit. Die kleinen, unzähligen Blüten sind im Sommer nahezu reinweiß. Im Herbst jedoch blüht sie sparsamer und ihre Blüten sind mit einem rosigen Hauch überzogen und die äußeren Blütenblätter kräftig pink.

GOLDEN-ROTES HERBSTLAUB am Aronia-Strauch und der Buchenhecke – der Spätherbst hält Einzug. Nach nunmehr 20 Jahren haben uns unsere vier geliebten Stubentiger verlassen. Es ist schön, wenigstens Nachbars Katze im Garten zu Besuch zu haben. Mit ihrem schwarzen Fell und den goldenen Augen ist sie ein echter, kleiner Halloween-Vorbote.

A FALL WALK

I CANNOT ENDURE TO WASTE ANYTHING SO PRECIOUS AS AUTUMNAL SUNSHINE BY STAYING IN THE HOUSE.

Nathaniel Hawthorne (1804–1864)

Prall, saftig und süß hängen die Trauben in üppigen Dolden an den Reben. Es ist schwer, seine Finger bei sich zu behalten und nicht an ihnen zu naschen.

Doch die sonnengereiften, süßen Früchte haben eine andere Bestimmung. Sie warten darauf, zu köstlichem Wein verarbeitet zu werden. Zu lippenfärbendem, fruchtig-schwerem Acolon, Dornfelder oder Spätburgunder oder zu spritzigem Grauburgunder, Chardonnay und Riesling – oh, so viele gute Weine!

Der deutsche Weinanbau wird leider immer noch verkannt und wir Deutschen neigen dazu, französische und italienische Weine über den grünen Klee zu loben, ohne an unsere bisweilen herausragenden und hochwertigen Weine auch nur zu denken.

Ein Spaziergang durch unsere heimischen Weinberge im Früh- oder Spätherbst hat etwas Urtümliches und Bodenständiges. Jahrtausendealt ist die Kultur des Weinanbaus.

Die Römer haben ihn zu uns gebracht und der Pfalz somit ihr unverwechselbares Gesicht verliehen. Weiche, wogende Weinhügel, durchbrochen von kleinen Winzerorten und Obstplantagen prägen unsere Landschaft. Pinien und Zypressen gehören ebenfalls zum Bild und haben unserer Region somit den Spitznamen der deutschen Toskana eingebracht.

Es ist eine Wohltat für Körper und Geist, die Pfade entlangzulaufen und den Blick über die Landschaft schweifen zu lassen.

ROMANTISCHE SZENERIE wie anno dazumal. Reifes Obst in satten Farben, von der Herbstsonne verwöhnt und friedliche Ferne, so weit das Auge reicht.

AUTUMN IS A SECOND SPRING WHEN EVERY LEAF IS A FLOWER.
Albert Camus (1913–1960)

Je später der Herbst, desto bunter die Weinreben. Gepaart mit Herbstlaub und wilden Hagebutten sind sie der Innbegriff des Herbstes, egal ob der Himmel blau ist oder sich ein stilles Grau und Nebel über sie breiten.

ERNTEDANK

KOMMT, VON ALLERREIFSTEN FRÜCHTEN MIT GESCHMACK UND LUST ZU SPEISEN! ÜBER ROSEN LÄSST SICH DICHTEN, IN DIE ÄPFEL MUSS MAN BEISSEN.

Johann Wolfgang von Goethe (1749–1832)

Eines der ältesten bekannten Feste ist das Erntedankfest. Bereits die alten Römer haben sich bei ihren Göttern für die Ernte und Fülle an Früchten bedankt. Im Herbst ernten wir den Ertrag unserer Arbeit, die wir den Frühling und Sommer über im Garten erbracht haben. Eine erfolgreiche Ernte ist natürlich davon abhängig, wie gut wir für die Pflanzen während des Wachstums gesorgt haben.

In unserem Garten ernten wir im Herbst hauptsächlich Kürbisse, Trauben, einige späte Himbeeren und von unseren Obstbäumen Äpfel, Birnen und Quitten.

Für eine ertragreiche Obsternte ist nicht nur die Pflege der Obstbäume wichtig. Die wichtigsten Faktoren steuert die Natur bei, und zwar nicht in Form von Schädlingen, die wir versuchen mit natürlichen Mitteln in den Griff zu bekommen, sondern in Form von Nützlingen. Marienkäfer sind zum Beispiel der natürliche Feind von Blattläusen. Während der Blütenphase sind Bienen und Wildbienen unverzichtbar. Seit einigen Jahren leiden die Bienenvölker vermehrt an Bienensterben. Es gibt hierfür viele Gründe wie die Varroa-Milbe, schädliche Pestizide, Unterernährung der Bienenvölker und viele mehr.

Wie die meisten Probleme unserer Erde, ist auch dieses von uns Menschen verursacht. Hier wird es höchste Zeit, umzudenken.

Unsere Quittenernte fällt jedes Jahr sehr üppig aus. Unser Apfel- und Birnbaum sind noch sehr junge Bäume, zudem ist unser Apfelbaum auch noch ein Hochstamm. Bis uns hier eine ertragreiche Ernte bevorsteht, wird es noch einige Zeit dauern. Aber bereits jetzt reicht es, um einige Birnen und Äpfel zu pflücken.

Bei den Sorten haben wir uns für alte Sorten entschieden: eine Quitte 'Bereczki', die Birne 'Gute Luise' und den Apfel 'Gelber Bellefleur', der seinem Namen alle Ehre macht. Seine Blüten sind wunderhübsch: weiß mit einem Hauch Rosa. Der Bellefleur steht leider auf der roten Liste der gefährdeten einheimischen Nutzpflanzen in Deutschland, da er kaum noch angebaut wird. Es ist eine wahre Freude, den Früchten beim Wachsen und Gedeihen zuzusehen und dieses selbst geerntete Obst ist geschmacklich nicht zu überbieten. Ich danke im Herbst für die Früchte und die daraus gewonnenen Säfte und Konfitüren.

QUITTEN UND BIRNEN aus dem eigenen Garten sind ein wahres Geschenk. Unsere Quitten lassen wir zu reinem, pasteurisiertem Quittensaft verarbeiten. Aus diesem Saft, den man pur oder als Schorle genießen kann, lässt sich hervorragendes Quittengelee zaubern, ganz ohne Zugabe von Wasser. Die Birnen sind in Süße und Geschmack, direkt vom Baum gepflückt, nicht zu überbieten, da sie bis zur vollen Reife hängen bleiben dürfen.

AUCH HASELNÜSSE UND ARONIABEEREN wachsen in unserem Garten. Die Nüsschen werden meist verbacken oder kommen frisch geknackt ins Müsli. Aus den wertvollen Aroniabeeren, auch Apfelbeeren genannt, machen wir Konfitüre oder Saft. Aronia zählt zu den Superfoods, wie man so hip sagt. Sie ist bekannt für ihren hohen Flavonoid-, Folsäure-, Vitamin-K- und Vitamin-C-Gehalt. Sie kann auch roh genascht werden.

ARONIA-KONFITÜRE

ergibt 4 Gläser à 200 ml

500 g Aroniabeeren
1 Pck. Vanillezucker
1 EL Zitronensaft
500 g Gelierzucker 1:1

Die Beeren gut waschen, ggf. Stiele aussortieren. Die Beeren in einen großen Topf geben und mit einem Holzstampfer leicht andrücken, bis Saft austritt. Vanillezucker, Zitronensaft und Gelierzucker dazugeben und gut verrühren. Unter ständigem Rühren aufkochen und ca. 5 Minuten sprudelnd kochen lassen.

Eine Gelierprobe machen, dafür einen Teelöffel der Konfitüre auf einen kleinen Teller geben und erkalten lassen. Läuft sie zähflüssig über den Teller, ist sie fertig.

Anschließend die Konfitüre bis zum Rand in sterilisierte Gläser füllen und gut verschließen.

QUITTENGELEE

ergibt 9 Gläser à 200 ml

1 l purer Quittensaft
500 g Gelierzucker 2:1
1 Vanille- oder Zimtstange
zum Aromatisieren

Den Quittensaft zusammen mit dem Gelierzucker in einen großen Topf geben gut verrühren. Nach Belieben eine angeschnittene Vanillestange oder eine Zimtstange dazugeben, wir lieben unser Quittengelee pur. Unter ständigem Rühren zum Kochen bringen und ca. 3 bis 5 Minuten sprudelnd kochen lassen.

Eine Gelierprobe machen, dafür einen Teelöffel der Konfitüre auf einen kleinen Teller geben und erkalten lassen. Läuft sie zähflüssig über den Teller, ist sie fertig.

Anschließend die Konfitüre bis zum Rand in sterilisierte Gläser füllen und gut verschließen.

ARONIA *peanut butter* CUPCAKES

ergibt 12 Stück

FÜR DEN TEIG:
3 Eier (Größe M)
180 g heller Muscovadozucker
1 TL Vanillezucker
100 g Butter
100 ml Milch
200 g Mehl
2 gestr. TL Backpulver
1 Prise Salz
Abrieb von 1 Bio-Zitrone
2 EL Zitronensaft

FÜR DAS FROSTING:
200 g Doppelrahmfrischkäse
120 g Erdnusscreme
120 g Puderzucker

FÜR DIE FÜLLUNG:
Aronia-Konfitüre

Den Backofen auf 175°C (Umluft) vorheizen. Eier, Zucker und Vanillezucker mit der Küchenmaschine hell und sehr schaumig schlagen. Die Butter schmelzen, mit der Milch vermengen und nach und nach in die Ei-Zucker-Masse geben.

Mehl, Backpulver und Salz mischen, portionsweise in den Teig sieben und vorsichtig unterheben. Zum Schluss die Zitronenschale und den Saft dazugeben.

Ein 12er-Muffinblech mit Papierförmchen auskleiden und die Mulden jeweils zu zwei Dritteln mit dem Teig füllen. Im vorgeheizten Ofen auf mittlerer Schiene ca. 15 Minuten backen. Abkühlen lassen.

Für das Frosting den abgetropften Frischkäse und die Erdnusscreme in eine Rührschüssel geben. Den Puderzucker dazusieben, damit keine Klümpchen in die Masse gelangen. Auf hoher Stufe zu einer homogenen Masse schlagen. In einen Spritzbeutel mit Tülle füllen und ca. 20 Minuten ins Gefrierfach legen.

In der Zwischenzeit mit einem Cupcake-Ausstecher die Küchlein aushöhlen. Den Teig herausnehmen, den Deckel abtrennen und beiseitelegen. Das Küchlein mit Konfitüre füllen und den Deckel wieder daraufsetzen, um es zu verschließen.

Das Frosting aus dem Gefrierfach nehmen und auf die Cupcakes spritzen.

FENCHEL-BIRNEN SALAT

50 g Walnusskerne
2 kleine Fenchelknollen
Meersalz (z. B. Maldon handgeschöpft)
1 Birne
6 EL Orangensaft
3 EL Essig (Melfor)
3 EL Olivenöl
1 TL Honig
Pfeffer
200 g kernlose Trauben
Schnittlauch
150–200 g Schafskäse

Walnüsse in einer Pfanne mit 1 TL Olivenöl anrösten und salzen. Abkühlen lassen.

Den Fenchel putzen. Das Fenchelgrün fein hacken und beiseitelegen. Fenchel in feine Scheiben hobeln, in eine Schüssel oder auf eine Platte geben, mit dem Meersalz salzen und mit den Händen gut durchkneten.

Die Birne putzen und ebenfalls in feine Scheiben hobeln. Mit etwas Orangensaft beträufeln und zum Fenchel geben.

Den restlichen Orangensaft, Essig, Olivenöl, Honig und Pfeffer zu einem Dressing verrühren und über die Fenchel-Birnen-Mischung geben.

Trauben waschen und halbieren, Schnittlauch in feine Ringe schneiden und mit dem Fenchelgrün dazugeben.

Den Schafskäse fein zerbröseln und mit den gerösteten Walnüssen über den Salat streuen.

HERBSTROSEN

„I FEEL AS IF I HAD OPENED A BOOK AND FOUND ROSES OF YESTERDAY, SWEET AND FRAGRANT, BETWEEN ITS LEAVES."

Lucy Maud Montgomery (1874–1942)

Sie schenken uns den ganzen Sommer über wundervolle Blüten und sind der Inbegriff der Schönheit. Egal welcher Modetrend auch vorherrscht und wie die Zeiten sich auch ändern mögen, Rosen sind nie out. Keine Blume zeigt so viel Anmut und elegante Romantik ohne Kitsch und Pomp.

Unter ihnen gibt es die einmal blühenden sowie die remontierenden Sorten. Remontierende Rosen haben ihre zweite Blühphase meist im Herbst bis in den Spätherbst. Diese zweite Blüte ist ganz besonders.

Herbstrosenblüten sind für mich mit Abstand die zauberhaftesten Gottesgeschöpfe im Garten. Ihre Blütenblätter sind kaum zu beschreiben. Sie sind zart und fragil, aber gleichzeitig wirken sie dennoch rauer, fast ledrig in ihrer Oberflächenstruktur. Auch in der Farbe unterscheiden sie sich.

Weiße Rosen haben im Herbst oftmals rosé- und pinkfarbene Sprenkel und die äußeren Blätter eine kräftig pinkfarbene Färbung. Sie wirken fast melancholisch, passend zur Jahreszeit und dem nahenden Winter und Jahresabschluss.

Helle, roséfarbene Rosensorten hingegen haben dünnere und nahezu durchscheinende Blütenblätter. Die Sorte 'Souvenier de la Malmaison' zum Beispiel: Ihre dicken, stark gefüllten Blütenköpfe sehen besonders schön aus, wenn sich herbstliche Regentropfen auf den fragilen Blütenblättern sammeln. Ihr subtiler, zarter Duft kommt dann besonders gut zur Geltung.

Doch genau der Herbstregen kann für die Herbstblüte zum Problem werden, denn kalte und zu feuchte Tage sind leider nicht gerade förderlich für die Herbstblühphase. Daher hole ich mir die Schönheiten ins Haus. Hier ist ihre Überlebensdauer fast länger als draußen, obwohl sie, ihres Strauches beraubt, ihr Dasein in einer Vase fristen müssen.

Dennoch lasse ich gerne vereinzelte Blüten bis in den Spätherbst und sogar den Winter stehen. Bei unseren milden Witterungen ist so die Chance groß, eine Rosenblüte im Schnee oder mit Frost überzogen im winterlichen Garten zu betrachten. Und solch ein Anblick ist es allemal wert, seine Rosensträucher im Herbst nicht ganz zurückzuschneiden.

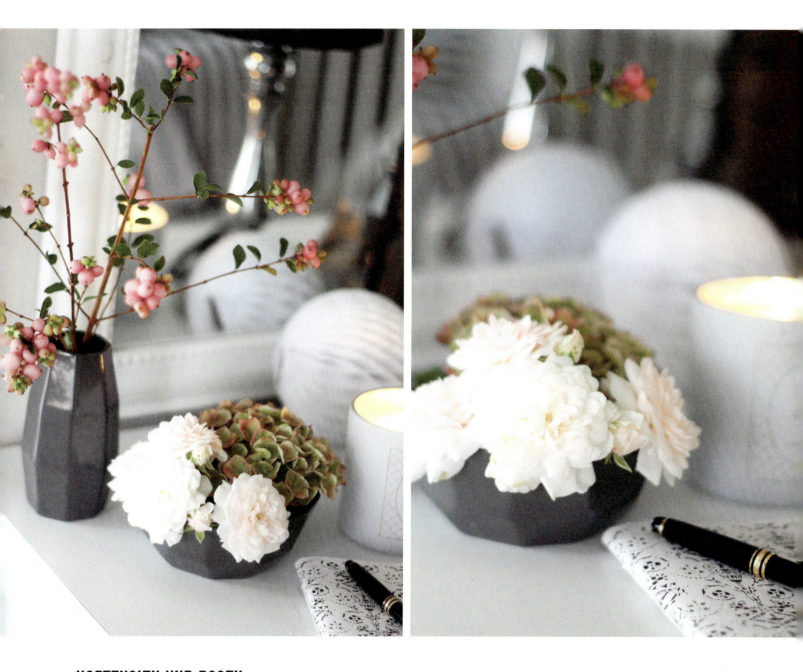

HORTENSIEN UND ROSEN sowie ein Beerenzweig sind im Herbst eine wunderschöne Kombination. Ob als Strauß oder – wie hier – als kleines Arrangement in einer Schale als Stillleben. Allein durch diese wenigen Blüten wirkt der Eingangsbereich im Haus gleich einladender und freundlicher, auch an trüben Herbsttagen.

'MME BOLL' UND 'SEA FOAM'® sind wunderschöne Herbstblüher. 'Mme Boll' hat im Herbst eine noch fast intensivere Pinkfärbung als im Sommer. Die 'Sea Foam'® mit ihren kleinen weißen Blüten zieht im Herbst ihr purpurnes Mäntlein an. In einer zurückgenommenen, einfachen Vase kommt ihre Schönheit zur vollen Geltung.

BOO! SWEET *Halloween*

WHEN BLACK CATS PROWL AND PUMPKINS GLEAM — MAY LUCK BE WITH YOU ON HALLOWEEN.

Author Unknown

In Amerika Tradition, bei uns eher weniger zelebriert – Halloween! Ich finde es witzig und ganz nett, wenn die Dorfkinder bei uns vorbeischauen, sogar verkleidet sind und ganz verzagt (besonders die Mädels) „Süßes oder Saures!" rufen.

Wir haben immer eine gut gefüllte Schale mit Süßkram bereitstehen, damit auch alle kräftig zugreifen können, und nein, wir spielen nicht den Moralapostel und erinnern ans Zähneputzen oder verteilen Äpfel. Den Kleinen darf es ruhig Spaß machen und sie sollen sich mit Süßigkeiten vollstopfen, bis sie nicht nur von der Farbe im Gesicht grün sind. Das Übel danach bekommen wir ja nicht mit, dieses Vergnügen haben dann die Eltern.

Dass wir Großen, Daheimgebliebenen da viel zu kurz kommen, finde ich fast schon etwas unfair. Wir können ja schlecht von Haus zu Haus hechten und den „Süßes oder Saures"-Spruch vom Stapel lassen, denn dann besteht die Möglichkeit – wenn auch nur eine geringe –, dass uns die Nachbarn für nicht ganz dicht im Oberstübchen halten. Daher machen wir es uns daheim gemütlich, mit einem netten Sweet Table und viel Hüftgold.

Damit das Ganze nicht nur gut schmeckt, sondern auch noch hübsch aussieht, habe ich ein paar nette kleine Halloween Tags und Cake Topper gebastelt. Außerdem habe ich mich an Cake Pops versucht ... Die sind auch ganz lecker geworden und sehen richtig knuffig aus mit ihren süßen, erschrockenen, kleinen Geistergesichtchen, nur der Weg zum Endergebnis war echt anstrengend.

Jede Backqueen, die jetzt behauptet, die Dinger wären einfach und schnell gemacht, lügt, dass sich die Balken biegen. Ich hatte danach Rücken! Wie auch immer man zu Halloween stehen mag, eine willkommene Abwechslung im eher ruhigen Herbst ist es auf jeden Fall.

CAKE POPS & CUPCAKES Fiese kleine Dickmacher, die zu allem Übel auch noch Karies verursachen. Kein Wunder, dass solch grausamen, gesundheitsschädlichen Köstlichkeiten ausgerechnet an Halloween auf die Menschheit losgelassen werden, schließlich sollen wir uns doch gruseln.

spooky BOO CAKE POPS

ergibt 12–14 Stück

FÜR DIE KUCHENCREME:
250 g Schokoladenrührkuchen (ohne Glasur)
50 g Frischkäse
30 g Butter
evtl. 1–2 EL Milch

FÜR DIE GARNITUR:
ca. 30 g helle oder dunkle Schokolade
helles Marzipan oder Fondant
2 EL Aprikosenkonfitüre

AUSSERDEM:
Cake-Pop-Stiele, lang

Den Schokoladenkuchen sehr fein zerbröseln. Frischkäse und Butter dazugeben und zu einer glatten, geschmeidigen Masse verkneten. Sollte die Masse zu fest sein, 1 bis 2 EL Milch dazugeben. Sie sollte allerdings auch nicht zu weich werden, sonst fallen die Cake Pops auseinander.

Die Masse portionieren, zu gleichmäßigen Kugeln formen (ca. 4 cm Durchmesser) und ca. 20 Minuten kalt stellen.

Die Schokolade über einem warmen Wasserbad schmelzen und die Cake-Pop-Stiele nacheinander fingerbreit hineintunken. Sofort mit der Schokoladenseite jeweils in eine Kuchenkugel stecken und kurz ruhen lassen. Erneut für ca. 30 Minuten kalt stellen, bis die Schokolade fest geworden ist.

In der Zwischenzeit Marzipan oder Fondant dünn ausrollen und Kreise (ca. 11 bis 12 cm Durchmesser) ausstechen. Mit einem ca. 5 mm breitem Strohhalm oder Ähnlichem Augen und Münder ausstanzen. Darauf achten, dass diese nicht zu mittig und nicht zu nah am Rand sitzen.

Die Cake Pops aus dem Kühlschrank nehmen, die „Hinterköpfe" der Geister mit etwas Aprikosenkonfitüre bepinseln und den Marzipan- oder Fondant-Überzug darüber drapieren. BOO!

Tipp: Die Cake Pops zum Trocknen am besten mit ausreichend Abstand in einen Steckschaumblock stecken.

DER GARTEN
im Winter

THE WINTER WILL BE LONG AND BLEAK.
NATURE HAS A DISMAL ASPECT.

Charles Nodier (1780–1844)

Willkommen im Winter! In der von vielen verschmähten Jahreszeit. Ja, es ist schon etwas Wahres dran: Der Winter ist lang und oftmals trostlos. Besonders die Natur bietet in den Wintermonaten nicht viel. So auch der Garten.

Still liegt er da und rührt sich nicht. Kein Lebenszeichen weit und breit. Ab und an lässt sich eine Krähe blicken oder der ein oder andere daheimgebliebene Vogel. Es ist nahezu geräuschlos da draußen. Das Tropfen von schmelzendem Schnee ist oft das einzige vernehmbare Geräusch.

Besonders an den sehr kalten, schneefreien Tagen, an denen der Frost alles bedeckt und die Tage nicht richtig hell werden möchten, fühlt man diese schwere Einsamkeit und Stille. An diesen Tagen hört man nicht einmal die Stille des Schnees.

So leer und arm ist der Winter Garten. Lässt man seine Augen schweifen, so erblickt man nichts, bei dem es sich lohnt, genauer hinzusehen. Doch ist es wirklich so?

Betrachtet man den Garten als Ganzes, vielleicht nicht. Aber hier sind es die Kleinigkeiten, die Details, die das Auge anziehen.

Die Rosenstöcke mögen zwar kahl sein, doch gibt es noch die ein oder andere späte Blüte, die vom Herbst übrig geblieben ist. Oder die noch nicht zurückgeschnittenen Kräuter im Kräuterbeet, wie der silbrige, dalmatinische Salbei und der standhafte, unverwüstliche Rosmarin.

Die hübschen Hagebutten, die sich mit ihrer kräftig roten Farbe gegen die graue Tristesse auflehnen.

Der kalte, unbarmherzige Frost hat sie alle fest im Griff und dennoch lässt er sie in neuer, außergewöhnlicher Schönheit erstrahlen. Wie in Zucker getaucht, trotzen sie im Garten der eisigen Winterluft.

Heben wir uns die sonnigen Wintertage für Spaziergänge im Schnee auf. Die trüben jedoch nutzen wir, um die Anmut der winterlichen Einfachheit schätzen zu lernen.

EIN WINTERMÄRCHEN ganz ohne Schnee. Eiseskälte und Frost verleihen dem Garten ein magisches Antlitz. Öffnet man Augen und Herz, sieht man diese Magie sogar in einem einfachen, kleinen Zweig, einer welken Rose, samtigen Salbeiblättern oder dem purpurnen Mantel der Hagebutte, eingehüllt in frostigen Winterschlaf.

HIMMELBLAU UND WEISS und strahlend klar. Auch so kann der Winter sein. An diesen wundervollen Tagen sollte man die Zeit nicht im Haus verbringen, sondern sich auf einen Streifzug durch die Winterlandschaft begeben und jeden Sonnenstrahl in sich aufsaugen.

CHRISTMAS TIME

I WILL HONOR CHRISTMAS IN MY HEART, AND TRY TO KEEP IT ALL THE YEAR.

Charles Dickens (1812–1870)

Ganz subtil nimmt es seinen Anfang. Erst ist es nur eine Kerze, die man abends anzündet, doch schnell tummeln sich im ganzen Haus Anzeichen von weihnachtlicher Dekoration. Gerade in der Vorweihnachtszeit lassen sich viele von uns stressen und können diese Tage kaum genießen.

Aber wenn wir es genau betrachten, sind wir an dieser Misere ja selbst schuld. Weihnachtsgeschenke werden auf den letzten Drücker gekauft, oder wir fangen sogar erst kurz vor knapp damit an, überhaupt erst darüber nachzudenken, was wir verschenken möchten.

In der Backstube geht es rund: Es werden Plätzchen gebacken, was das Zeug hält – fünf verschiedene Sorten mindestens, schließlich finden sich immer Abnehmer. Das Haus muss glänzen und dem neuesten Dekorationstrend entsprechen, Weihnachtsfeiern von der Arbeit stehen an, die Kinder müssen zu ihren Aufführungen gefahren werden und ein Adventskranz muss auch noch her.

Und immer schön alles in den sozialen Netzwerken posten, damit jeder sieht, wie schön alles ist.

Spätestens jetzt sollte man die Notbremse ziehen. Die Zeit rast an uns in Schallgeschwindigkeit vorbei, sodass wir sie nur noch als Luftzug wahrnehmen. Manchmal frage ich mich, wo das Ganze noch hinführen soll.

Ich habe in den letzten Jahren viel dazugelernt und vieles geändert. Die Dekoration wurde zurückgeschraubt, nur noch die Plätzchen gebacken, die man tatsächlich auch isst, Weihnachtsgeschenke und Geschenkpapier werden rechtzeitig besorgt und ich vereinbare nur noch Termine, die ich auch wirklich wahrnehmen möchte. Außerdem wurden Instagram & Co. auf ein vertretbares Maß zurückgeschraubt, denn das wahre Leben findet wirklich statt.

Weihnachten ist das Fest der Liebe und der Familie. Lassen wir es uns nicht durch selbst auferlegte Zwänge verderben. Das Weihnachtsgefühl sollte warm und wohlig wie eine kuschelige Strickweste sein und nicht wie ein stressender, lästig kratzender Schal.

Lasst Euch ganz bewusst vom wohlig warmen Weihnachtsgefühl einhüllen!

MIT DER ADVENTSZEIT stimmen wir uns langsam auf Weihnachten ein. Weihnachtliche Dekoration muss nicht aufdringlich und überladen sein. Dezente, fragile Kleinigkeiten aus Papier und kleinen Hagebutten sowie dazu passende Gefäße in Faltoptik und ein wenig Gold zaubern eine subtil weihnachtliche Atmosphäre.

KÄFER, KLEINE TANNEN & HEISSE SCHOKOLADE mit Mini-Marshmallows mag für manche als Dekoration etwas infantil wirken, aber ich liebe es. Solch ein Table Setting darf bei uns die komplette Weihnachtszeit über bleiben. Die Kerzengläser werden nach und nach entzündet und lassen die kleine Szenerie in einem warmen Licht erstrahlen. Ja, ich habe einen regelrechten Spleen, was kleine Autos mit Tanne auf dem Dach anbelangt. Ob Käfer, Bulli, Chevy oder MINI, man findet sie an Weihnachten bei uns im ganzen Haus.

WEIHNACHTZEIT IST PLÄTZCHENZEIT! In allen Variationen, Formen und Farben locken und verführen sie uns. Auch wenn sie die weihnachtliche Kaffeetafel bunter und sehr abwechslungsreich machen, sodass für jeden Geschmack etwas dabei ist, sollte man es mit der Vielfalt nicht übertreiben. Mintfarbene Kaffeebecher, goldene Ornamente sowie die obligatorischen weißen Fröbelsterne sind hier die Deko-Highlights.

IT'S THE MOST WONDERUFL TIME OF THE YEAR & AND THE SWEETEST! Die Saison für die mit Abstand wohl süßeste Zeit des Jahres ist eröffnet. Es wird genascht bis zum Zuckerschock. Schokolade, Plätzchen, Cookies und Kuchen locken wie das Hexenknusperhaus im Walde. Am Ende dieses Kapitels findet Ihr meine liebsten Wintersünden, die Euch das – aufgrund mangelnder Sonne – fehlende Serotonin durch Zuckerglück ersetzen.

MIT LIEBE SCHENKEN bedeutet auch mit Liebe verpacken. Ein mit Bedacht ausgewähltes Geschenkpapier, kleine liebevolle Botschaften in Form von Tags und Stickern lassen das Geschenk, das von Herzen kommen sollte, auch von außen gut aussehen. Beim Verpacken sollte man stets auch an die Person denken, die das Geschenk bekommt. Selbst für Kinder lässt sich sehr stilvolles und dennoch kindliches Geschenkpapier finden.

DER WEIHNACHTSBAUM STEHT! Geschmückt mit weißen, goldenen, schwarzen Ornamenten und Sternen. Auch wenn sich beim Christbaumschmuck der Stil verändert und die Dekorationen dem Zeitgeist entsprechen, eines bleibt – die Sterne. Weihnachten ist ohne Sterne undenkbar. Ob am Baum oder als Dekoration, mögen uns die Sterne immer den Weg weisen.

MUFFnuts

ergibt 12 Stück

FÜR DEN TEIG:
75 g Butter
1 Ei (Größe M)
150 g Zucker
½ TL Vanille-Extrakt
½ TL Zimt
210 g Mehl
2 TL Backpulver
180 ml Milch

FÜR DIE GARNITUR:
50 g Butter
2–3 EL Zucker
1 gestr. TL Zimt

Backofen auf 180°C Umluft (200°C bei Ober- und Unterhitze) vorheizen.

Butter schmelzen und abkühlen lassen.

Ei, Zucker, Vanille und Zimt in einer Schüssel mit der Küchenmaschine zu einer homogenen Masse verrühren. Danach die erkaltete, geschmolzene Butter unterrühren.

Zunächst das Mehl sieben und mit dem Backpulver mischen. Dann das Mehl und die Milch abwechselnd unter den Teig rühren.

Teig in eine mit Papierförmchen ausgelegte oder gut gebutterte Muffinform geben und ca. 17–20 Minuten backen.

Für die Garnitur Butter schmelzen. Zucker und Zimt vermischen. Nun die Muffnuts mit der flüssigen Butter großzügig bepinseln und in der Zucker-Zimt-Mischung wälzen, fertig.

Wer möchte, kann mit einer Fülltülle Konfitüre in die Muffnuts spritzen.

WHITE CHOC MACADAMIA *Cookies*

ergibt ca. 18 Stück

125 g weiche Butter
165 g Zucker
Mark von 1 Vanilleschote
1 Ei (Größe M)
200 g Mehl
1 Prise Salz
1 gestr. TL Backpulver
120 g weiße Schokolade
120 g Macadamia-Nusskerne

Den Backofen auf 150 °C Umluft vorheizen.

Butter, Zucker und Vanillemark in der Küchenmaschine cremig rühren. Das Ei dazugeben. Mehl, Salz und Backpulver sieben und nach und nach in die Teigmasse einrühren. Schokolade und Nüsse klein hacken und in den Teig rühren.

Den Teig in walnussgroßen Portionen mit reichlich Abstand auf einem mit Backpapier belegten Blech verteilen und ca. 13 Minuten im vorgeheizten Ofen backen. Den Backvorgang wiederholen, bis der Teig aufgebraucht ist. Die Cookies anschließend gut abkühlen lassen.

LEMON CURD TARTELETTES

ergibt 8 Stück

FÜR DEN TEIG:
220 g Mehl
50 g Zucker
140 g Butter, in Stückchen
1 Ei (Größe M)
1 Eigelb
1 Prise Salz
1 Msp. Vanillemark

FÜR DAS LEMONCURD:
100 ml frisch gepresster Zitronensaft
100 g Zucker
2 Eier (Größe M)
2 Eigelb (Größe M)
90 g Butter, in Stückchen

FÜR DAS BAISER:
2 Eiweiß (Größe M)
120 g Zucker
1 Msp. Natron

Den Backofen auf 180°C Umluft (200°C Ober- und Unterhitze) vorheizen. 8 Tartelette-Förmchen (ca. 10 cm Durchmesser) gut mit Butter fetten.

Für den Teig Mehl, Zucker, Butter und Salz mit den Händen oder der Küchenmaschine zu einer krümeligen Masse verarbeiten. Anschließend das Ei, das Eigelb und die Vanille dazugeben. Weiterrühren, bis ein glatter Teig entstanden ist.

Den Teig in 8 gleich große Stücke teilen, auf eine bemehlte Unterlage geben und in der Größe der Formen ausrollen. Anschließend die Formen mit dem Teig auskleiden, den überstehenden Rand mit einem Messer abschneiden und für mindestens 1 Stunde kalt stellen.

Für das Lemoncurd alle Zutaten (bis auf die Hälfte der Butter) in einen Topf geben. Bei mittlerer Temperatur erhitzen, dabei die Masse konstant mit einem Schneebesen schlagen. Sobald erste Blasen entstehen, dickt die Creme ein. Die Hitze nun runterschalten und die Creme ca. 1 Minute weiterschlagen, die restliche Butter zugeben und unterschlagen. In eine Schüssel zum Abkühlen geben.
Für das Baiser die Eiweiße ca. 3 bis 5 Minuten in der Küchenmaschine steif schlagen. Zucker und Natron nach und nach einrieseln lassen und so lange weiterschlagen, bis der Eischnee glänzt und steife Spitzen bildet. Das dauert ca. 10 Minuten.

Die Tartlettes im vorgeheizten Ofen auf der mittleren Schiene ca. 10–15 Minuten backen, bis sich eine leichte Goldfärbung zeigt. Aus dem Ofen nehmen, das Lemoncurd gleichmäßig verteilen und mit einem Spritzbeutel das Baiser aufspritzen. Die Tartelettes erneut für ca. 6 Minuten weiterbacken, bis das Baiser eine goldene Bräune zeigt.

AN TRÜBEN WINTERTAGEN

WINTER WAS MADE FOR WARM BLANKETS AND LARGE BOOKS.

Author Unknown

Keine Jahreszeit ist so gut wie der Winter dazu geeignet, um sich im Haus einzuigeln und die Seele baumeln zu lassen. Einfach mal durchatmen, ausruhen und nichts tun. Ja genau, nichts tun. Und das ganz ohne schlechtes Gewissen. Warum haben wir überhaupt ein schlechtes Gewissen, wenn es darum geht, mal einfach zu entspannen?

Immer dann haben wir das Gefühl, etwas zu verpassen, eine Gelegenheit nicht für etwas Sinnvolles zu nutzen. In der heutigen Zeit werden solche Ruhemomente immer seltener.

Dabei ist es gerade heutzutage wichtig, einfach mal durchzuatmen, die Gedanken schweifen zu lassen oder einfach mal ein gutes Buch zu lesen, um das Kopfkino anzuknipsen.

Seit Jahren nehme ich immer ein paar Tage vor Weihnachten Urlaub, um diese Vorweihnachtszeit ganz bewusst zu erleben, ohne den üblichen Stress und den Endspurt des Jahres.

Solch ein paar freie Tage sind aber auch nach den Feiertagen zu empfehlen, um das Jahr still und leise zu beginnen, ohne gleich wieder in die Vollen zu gehen.

Am liebsten lehne ich mich an diesen freien Tagen zurück, schnappe mir eine Kuscheldecke, eine Tasse Kaffee mit ordentlich viel Milchschaum und ein Buch und lese darin. Verschwinde ganz einfach in einer anderen Welt, egal ob Fantasie-Welten, Liebesromane oder Thriller, je nachdem, wonach mir eben gerade der Sinn steht.

Aber auch ein paar ruhige Momente am Computer, um einfach mal durchs Netz zu browsen, Blogs zu lesen oder ein paar Lettering-Übungen am Schreibtisch zu machen, was sehr beruhigend und entspannend ist.

Oder ich sitze einfach auf der Couch, starre ins Leere, um die Augen auszuruhen und denke nach oder denke nichts und lasse die Zeit verstreichen. Auch das ist Leben. Unsere Seele braucht solche Auszeiten ganz dringend, die Zeit des süßen Nichtstuns.

{BREATHE} DURCHATMEN ...
Dabei hilft eine zurückgenommene, farblich harmonische Einrichtung und Dekoration. „Follow your heart" ist genau das richtige Motto, wenn es darum geht, zur Ruhe zu kommen und Entspannung zu finden. Unser Zuhause sollte unsere Oase der Geborgenheit sein.

SO VIELE BÜCHER — SO WENIG ZEIT! Nehmen wir uns die Zeit, all die Geschichten zu lesen und sie in unseren Köpfen wahr werden zu lassen. Uns unsere eigenen Gesichter zu den Charakteren vorstellen und unserer Fantasie freien Lauf lassen.

OLDSCOOL UND SEHR RETRO denkt jetzt manch einer, doch wenn wir schon die Möglichkeit haben, zum Beispiel Instagram-Schnappschüsse auch auf Papier festzuhalten, dann ist das ein sehr entspannender Zeitvertreib, diese Bilder im klassischen Sinne einfach mal in ein Album zu kleben. Es ist sehr reizvoll, das Album durchzublättern und in Erinnerungen zu schwelgen, statt einfach nur mit angestrengtem Blick und Stirnfalten im Handy hoch- und runterzuscrollen.

FREUNDE / BEZUGSQUELLEN

TOWN & COUNTRY HOME
Kuno-Fischer-Straße 15
14057 Berlin Charlottenburg
www.towncountryhome.de

VILLA WESTEND
www.villa-in-westend.de

LIV INTERIOR
Eppendorfer Weg 77
20259 Hamburg
www.liv-interior.com

BEACH MOTEL SPO
Am Deich 31
25826 St. Peter-Ording
www.beachmotels.de

MUTTERLAND City
Poststraße 14–16/ Streit's Hof
20354 Hamburg
www.mutterland.de

BLUEBOXTREE
Türkenstraße 76
80799 München
www.blueboxtree.com

LØV TEA
www.lov-organic.com

THANK YOU!

LET US BE GRATEFUL TO PEOPLE WHO MAKE US HAPPY, THEY ARE THE CHARMING GARDENERS WHO MAKE OUR SOULS BLOSSOM.

Marcel Proust (1871–1922)

Das ist es nun also. Mein drittes Buch und gefüllt habe ich es diesmal mit wundervollen Augenblicken, die ich erleben durfte. Mit Tagen, so süß wie Zuckerwatte und Momenten voller Schönheit und Anmut. Mit Wundern, die uns die Natur jedes Jahr aufs Neue beschert. Mit kleinen, aber feinen Reisen und Abenteuern, die ich machen durfte, mit und zu Freunden, die ich von Herzen liebe.

Dieses Buch hat mir gezeigt, wie schön unser Leben doch sein kann und wie wundervoll unsere Erde, wie erhaltens- und schützenswert sie ist. Ganz ohne in ferne Länder zu reisen, können wir dies jeden Tag aufs Neue feststellen. In jedem kleinen Geschöpf, in jeder Blume, in den Früchten unserer Arbeit können wir es entdecken.

All diese Seiten sind nur ein winziger Bruchteil dessen, was uns an guten Dingen im Laufe eines Jahres widerfährt. Und diese winzigen Dinge sind es, die uns wieder aufbauen, wenn wir erschöpft sind und müde von all dem Hass und den Problemen unserer Zeit.

Danken möchte ich nun einigen Menschen, die mir sehr geholfen haben, dieses Buch umzusetzen, die mich während meiner Jammer-Tiraden und meiner Panikattacken ertrugen, die immer dann aufkamen, wenn mich mal gerade wieder die Muse verließ.

Mein Dank geht an meine liebe Carolina, die mich, obwohl so weit entfernt, kennt wie keine andere und die mich in ihrem Zuhause willkommen hieß und mir Berlin zeigte (schlechtes Karma hin oder her). Unsere gegenseitige, seelisch-moralische Unterstützung an der Arbeit an unseren Büchern ist Gold wert.

Danke, liebste Vanessa, für Deine Freundschaft, die ich nicht mehr missen möchte. Ich freue mich jetzt schon auf unseren nächsten St.-Peter-Ording-Aufenthalt und schöne Tage mit Dir in Hamburg. Du fehlst mir ...

Meine liebe Thalia aka Johanna, mit Dir zu quatschen und zu lachen ist eine echt gute Stressbewältigung und danke auch an Deine „Schweschter" für die tollen Cake Pops – ein echter Mädchentraum in Pastell!

Liebe Bianca, danke für die beiden ersten Bücher, die wir gemeinsam gemacht haben und danke, dass ich die Taufe Deines Sohnes bildlich festhalten durfte. Verrückt, wie die Zeit vergeht, oder?

Danke an all die Freunde und Kollegen, ihr offenes Ohr, ihre Nachfragen, wie es mit dem Buch vorangeht und ihre Geduld, wenn ich dann mal mit meinen Erzählungen losgelegt habe.

Danke an das Team vom Beachmotel SPO und an das Mutterland in Hamburg. Es war mir eine Ehre, bei Euch zu sein und meine Bilder machen zu dürfen. Danke, liebe Diana & Liv Interior sowie all den lieben Sponsoren – danke für Eure Unterstützung!

Last but not least an meinen Mann und meine Familie, die meinen Mangel an Zeit während der Arbeit an diesem Buch klaglos hingenommen haben. Danke für die Unterstützung und Euer Verständnis.

DANKE AN SIE, LIEBE FRAU RAUCH, DEN FRECHVERLAG SOWIE LIEBE LESER, INSTA-FOLLOWER UND BLOG-READER – IHR HABT DIESE 208 SEITEN MÖGLICH GEMACHT.

ES IST NICHT WICHTIG, WAS DU BETRACHTEST, SONDERN WAS DU SIEHST.
Henry David Thoreau (1817–1862)